Lob für „Chatbots erstellen und monetarisieren": Chatbots erstellen, Apps erstellen und Gewinnpotenzial ausschöpfen

„Ein umfassender Leitfaden für alle, die aus der Chatbot-Revolution Kapital schlagen wollen. Dieses Buch bringt Ihnen nicht nur bei, wie Sie Chatbots erstellen – es zeigt Ihnen auch, wie Sie sie profitabel machen. Ein Muss für Unternehmer und Geschäftsinhaber gleichermaßen!"
– **Tim Ferriss**, Autor von „Die 4-Stunden-Woche"

„Dies ist das Spielbuch zum Aufbau eines Chatbot-Imperiums. Von der Ideenfindung bis zur Monetarisierung ist es die ultimative Ressource, um KI-gesteuerte Konversation in echte Einnahmen umzuwandeln. Sehr empfehlenswert für alle in der Technik oder Wirtschaft!"
– **Gary Vaynerchuk**, Autor von Crushing It!

„Ein unverzichtbarer Leitfaden, der modernste KI-Technologie nahtlos mit praktischen Geschäftseinblicken integriert. Wenn Sie bereit sind, Ihre Chatbot-Ideen in ein erfolgreiches Geschäft umzuwandeln, ist dieses Buch Ihr Leitfaden."
– **Neil Patel**, Experte für digitales Marketing und Autor von Hustle

„Ein brillanter, schrittweiser Plan, der Sie durch jede Phase der Chatbot-Entwicklung und -Monetarisierung führt. Dieses Buch wird Ihnen helfen, mit KI-gesteuerten Geschäftsmodellen neue Erfolgsebenen zu erreichen."
– **Marie Forleo**, Autorin von „Everything is Figureoutable"

„Eine unschätzbar wertvolle Ressource für jeden, der ernsthaft daran interessiert ist, Chatbots in ein florierendes Geschäft zu verwandeln. Dieses Buch vereint technisches Know-how mit realen Strategien, die Ihnen helfen, das Potenzial der KI voll auszuschöpfen."
– **Chris Brogan**, Autor von Trust Agents

„Wenn Sie Chatbots nicht nur erstellen, sondern auch in profitable Vermögenswerte verwandeln möchten, ist dieses Buch ein Wendepunkt. Es ist voller umsetzbarer

Erkenntnisse und Expertenratschläge und ein unverzichtbares Werkzeug für Unternehmer."
– **Sophia Amoruso** , Gründerin von *Nasty Gal* und Autorin von *#GIRLBOSS*

„Chatbots sind die Zukunft der Wirtschaft und dieses Buch zeigt Ihnen, wie Sie diese Zukunft nutzen, um dauerhaften Erfolg aufzubauen. Ein Muss für jeden, der in der KI-gesteuerten Wirtschaft die Nase vorn haben möchte!"
– **Simon Sinek** , Autor von *„Start with Why "*

CHATBOTS ERSTELLEN UND MONETARISIEREN

Bauen Sie Chatbots, Erstellen Sie Apps Und Schöpfen Sie Gewinnpotenziale Aus

Maximilian Ford

Copyright © 2024 Maximilian Ford
Alle Rechte vorbehalten.

Kein Teil dieses Buches darf ohne vorherige schriftliche Zustimmung des Herausgebers in irgendeiner Form oder mit irgendwelchen Mitteln, einschließlich Fotokopieren, Aufzeichnen oder anderen elektronischen oder mechanischen Methoden, reproduziert, verbreitet oder übermittelt werden, außer im Falle kurzer Zitate in kritischen Rezensionen und bestimmter anderer nichtkommerzieller Verwendungen, die durch das Urheberrecht gestattet sind.

Veröffentlicht von Ford Publishing
1234 Main Street, Suite 101New York, NY 10001
www.fordpublishing.com

ISBN: 978-1-23456-789-0
Gedruckt in den Vereinigten Staaten von Amerika

Haftungsausschluss
Dieses Buch dient ausschließlich Informationszwecken. Autor und Verlag übernehmen keine Gewähr für die Richtigkeit oder Vollständigkeit der in diesem Buch enthaltenen Informationen. Autor und Verlag haften nicht für Fehler oder Auslassungen oder für Folgen, die sich aus der Verwendung der hierin enthaltenen Informationen ergeben.

Anerkennung von Warenzeichen
Alle in diesem Buch erwähnten Produktnamen, Warenzeichen oder andere Verweise auf Produkte, Dienstleistungen oder Unternehmen sind Eigentum ihrer jeweiligen Inhaber. Alle Rechte vorbehalten.

Kapitel 1: Was sind Chatbots? _____8

Die Geschichte der Chatbots _____8

Bedeutung von Chatbots im modernen Geschäftsleben, im Kundenservice und im täglichen Leben _____11

Vorteile und mögliche Herausforderungen von Chatbots _____14

Kapitel 2: Erste Schritte: Tools und Plattformen zum Erstellen von Chatbots _____16

Tools und Plattformen zum Erstellen von Chatbots _____18

So wählen Sie die richtige Plattform _____22

Schritt-für-Schritt-Anleitung zum Einrichten eines einfachen Chatbots _____24

So meistern Sie typische Anfängerschwierigkeiten _____26

Kapitel 3: Chatbots entwickeln, die begeistern und konvertieren _28

Die Bedeutung des Konversationsdesigns _____29

Best Practices für die Gestaltung effektiver Gesprächsabläufe _____31

Strategien zur Personalisierung des Benutzererlebnisses _____34

Tipps zur Verbesserung der Chatbot-Usability _____36

Testen der Chatbot-Leistung für bessere Ergebnisse _____38

Fallstudien: Beispiele für ansprechende und hochkonvertierende Chatbots _____39

Kapitel 4: Erweiterte Funktionen: Chatbots mit GPT-4 und KI-Tools verbessern _____41

GPT-4 und NLP-Integration _____43

GPT-4 für mehrsprachige Unterstützung _____46

Praktische Schritte zur Implementierung mehrsprachiger Funktionen _____46

GPT-4 und plattformübergreifende Integration _____48

Praktische Schritte zur Implementierung plattformübergreifender Kompatibilität _____48

Content Generation _____49

Personalisierte Empfehlungen _____50

Kapitel 5: Monetarisierungsstrategien für Chatbots _____52

Wie Chatbots Leads generieren _____54

Wie Chatbots den Umsatz steigern _____55

Beispiele für umsatzsteigernde Chatbots _____56

So funktionieren Abonnementmodelle mit Chatbots _____57

Wie Chatbots Upselling und Cross-Selling umsetzen _____59

Beispiele für Upselling- und Cross-Selling-Chatbots _____59

Beispiele für Chatbots mit kostenpflichtigen Funktionen _____61

Kapitel 6: Apps rund um Ihre Chatbots entwickeln _____63

Was sind APIs? _____68

Vorteile von API-Integrationen _____69

Kapitel 7: Skalieren und Erfolg haben: Aufbau eines Chatbot-Imperiums _____74

Kapitel 1: Was sind Chatbots?

Ein **Chatbot** ist eine Softwareanwendung, die menschliche Konversation durch Text- oder Sprachinteraktionen simulieren soll. Durch die Verwendung **natürlicher Sprachverarbeitung** (NLP) und **maschineller Lernalgorithmen** verstehen und beantworten Chatbots Benutzeranfragen auf eine Weise, die menschliche Konversation nachahmt. Diese Bots können einfache, regelbasierte Systeme sein, die vorgegebenen Skripten folgen, oder es können hochentwickelte KI-gestützte Lösungen sein, die im Laufe der Zeit lernen und sich anpassen.

Im Kern sind Chatbots darauf ausgelegt, Benutzer zu unterstützen, zu informieren und einzubinden, um die Effizienz der Kommunikation zu steigern. Sie werden häufig auf Messaging-Plattformen, Websites, mobilen Apps und sogar im Kundendienst eingesetzt, um sofortige Unterstützung zu bieten, sich wiederholende Aufgaben zu automatisieren und das Benutzererlebnis zu verbessern.

Die Geschichte der Chatbots

Die Entwicklung von Chatbots ist eng mit der Weiterentwicklung der künstlichen Intelligenz und der Verarbeitung natürlicher Sprache verknüpft. Der erste bedeutende Meilenstein in der Chatbot-Entwicklung war **ELIZA** , ein Programm, das 1966 von Joseph Weizenbaum, einem Informatiker am MIT, entwickelt wurde. ELIZA simulierte Konversation, indem es Schlüsselwörter erkannte und Mustervergleichsregeln anwandte, um Antworten zu generieren. Obwohl es noch rudimentär war, bot es einen Einblick in das, was mit Mensch-Computer-Interaktion erreicht werden könnte.

Nach ELIZA führten Chatbots wie **PARRY** (entwickelt 1972 vom Psychiater Kenneth Colby) fortgeschrittenere Funktionen ein, darunter die Simulation des Verhaltens von Patienten mit psychischen Störungen, eine

Funktion, die menschliche Konversation auf komplexere Weise nachahmte. Frühe Chatbots waren jedoch durch ihre Programmierung eingeschränkt und konnten oft nuancierte Diskussionen nicht verstehen oder sich nicht an ihnen beteiligen.

Der eigentliche Wandel hin zu den ausgefeilteren Chatbots, die wir heute sehen, begann Anfang der 2000er Jahre mit dem Aufkommen von Techniken **des maschinellen Lernens** und **der künstlichen Intelligenz** . **Mit der Veröffentlichung von Siri** durch Apple im Jahr 2011, gefolgt von **Amazons Alexa** und **Google Assistant** , machte die Chatbot-Branche einen gewaltigen Sprung nach vorne. Diese sprachgesteuerten Assistenten wurden nicht nur entwickelt, um einfache Fragen zu beantworten, sondern um Benutzern zu helfen, auf eine eher gesprächsartige Art mit ihren Smartphones und Haushaltsgeräten zu interagieren.

In jüngerer Zeit haben **GPT-3** und **GPT-4 von OpenAI** die Chatbot-Technologie revolutioniert und natürlichere, kontextbezogene Gespräche ermöglicht. Diese Modelle können Text generieren, der menschliche Denkmuster und Gesprächsstile mit bemerkenswerter Genauigkeit nachahmt, was sie ideal für komplexe Aufgaben macht, von der Bereitstellung von Kundensupport bis hin zum Anbieten personalisierter Empfehlungen.

Wie haben sich Chatbots entwickelt?

Chatbots haben sich von einfachen textbasierten Anwendungen zu hochentwickelten Konversationsagenten entwickelt, die auf hochmoderner KI basieren. Hier ist ein genauerer Blick auf die Entwicklungsstufen:

1. **Regelbasierte Systeme (1960er–2000er)**
   Frühe Chatbots arbeiteten mit vorgefertigten Antworten und vorprogrammierten Regeln. Sie waren nicht in der Lage,

Interaktionen zu verstehen oder daraus zu lernen, sondern verließen sich ausschließlich auf eine Reihe festgelegter Antworten. Dadurch war ihr Anwendungsbereich begrenzt und die Benutzer waren oft frustriert. Für einfache Aufgaben wie das Beantworten von FAQs oder das Bereitstellen grundlegender Informationen waren diese Bots jedoch nützlich.

2. **KI-gestützte Chatbots (2010er Jahre)**
Mit dem Aufkommen der KI begannen Chatbots, maschinelles Lernen und die Verarbeitung natürlicher Sprache zu nutzen, um dynamischere Gespräche zu führen. Diese Bots konnten den Kontext verstehen, die Absicht des Benutzers erkennen und personalisierte Antworten geben. Technologien wie **Absichtserkennung** und **Entitätsextraktion** ermöglichten es Chatbots, über geskriptete Interaktionen hinauszugehen, was sie wesentlich flexibler machte.

3. **Konversations-KI (2020er und darüber hinaus)**
Die neueste Entwicklung bei Chatbots wird von großen Sprachmodellen wie GPT-3 und GPT-4 vorangetrieben. Diese Modelle sind in der Lage, menschenähnliche Antworten zu generieren, den Kontext längerer Gespräche zu verstehen und sogar emotionale Tonfälle zu erkennen. Moderne Chatbots können Aufgaben wie das Planen von Meetings, das Bereitstellen detaillierter Produktempfehlungen und die Unterstützung beim technischen Support ausführen, oft mit minimalem menschlichen Eingriff.

4. **Sprachassistenten und multimodale KI**
Sprachgesteuerte Chatbots wie Amazons Alexa, Google Assistant und Apples Siri sind zu einem festen Bestandteil moderner

Haushalte und Smartphones geworden. Mit diesen Systemen können Benutzer intelligente Geräte steuern, Erinnerungen festlegen und ausschließlich über Sprachbefehle nach Informationen suchen. Darüber hinaus hat **multimodale KI** – die Fähigkeit, sowohl Text- als auch Spracheingaben zu verarbeiten – zu noch ausgefeilteren und natürlicheren Chatbot-Interaktionen geführt.

Bedeutung von Chatbots im modernen Geschäftsleben, im Kundenservice und im täglichen Leben

Chatbots sind zu einem Eckpfeiler moderner Geschäftsstrategien geworden und spielen eine entscheidende Rolle bei der Automatisierung von Aufgaben, der Verbesserung des Kundenservice und der Steigerung der Effizienz. Sie bieten Unternehmen, Verbrauchern und Mitarbeitern gleichermaßen konkrete Vorteile.

1. Kundenservice und Support

Eine der wichtigsten Anwendungen von Chatbots ist der **Kundenservice**. Unternehmen nutzen Chatbots, um Kundenanfragen zu bearbeiten, technischen Support zu leisten und Probleme zu lösen, ohne dass ein menschliches Eingreifen erforderlich ist. Dies verkürzt die Wartezeiten erheblich, bietet Kunden sofortige Hilfe und senkt die Betriebskosten für Unternehmen.

Sephora, ein weltweit tätiger Kosmetikhändler, verwendet beispielsweise einen Chatbot namens **Sephora Virtual Artist,** um Kunden durch den Kaufprozess von Make-up zu führen. Der Bot kann die Vorlieben der Kunden analysieren, Produkte vorschlagen und sogar Tutorials empfehlen, wodurch ein nahtloses Einkaufserlebnis entsteht. Dies verbessert die Kundenzufriedenheit und hilft dem Unternehmen, Kunden zu binden.

Darüber hinaus können Chatbots zu jeder Tageszeit große Mengen an Anfragen bearbeiten, sodass Unternehmen **rund um die Uhr einen Kundenservice anbieten können**. Dies ist insbesondere in Branchen wie **dem Bank-** und **Telekommunikationsbereich wichtig**, in denen Kunden möglicherweise auch zu unüblichen Zeiten Hilfe benötigen.

2. Vertrieb und Marketing

Vertrieb und Marketing eingesetzt. Sie können in Websites und Social-Media-Plattformen integriert werden, um Leads zu qualifizieren, Produkte zu empfehlen und Kunden sogar durch den Kaufprozess zu führen. Viele Unternehmen haben festgestellt, dass Chatbots die Konversionsraten drastisch steigern können, indem sie Interaktionen persönlicher und direkter gestalten.

Macy's hat beispielsweise einen Chatbot in seine App integriert, der Kunden hilft, Produkte zu finden, zur Kasse zu gehen und Bestellungen zu verfolgen – alles an einem Ort. Der Chatbot dient nicht nur als persönlicher Einkaufsassistent, sondern bietet auch gezielte Werbeaktionen basierend auf dem Kundenverhalten.

3. Persönliche Assistenz und Alltag

Auf persönlicher Ebene sind Chatbots durch **virtuelle Assistenten** wie Siri, Alexa und Google Assistant zu einem festen Bestandteil unseres täglichen Lebens geworden. Diese Bots helfen Benutzern bei alltäglichen Aufgaben wie dem Einstellen von Alarmen, dem Senden von Nachrichten, dem Abspielen von Musik oder der Steuerung von Smart-Home-Geräten. Ihre Fähigkeit, sich nahtlos in die tägliche Routine zu integrieren, hat sie für viele Benutzer unverzichtbar gemacht.

Beispielsweise unterstützt **der Google Assistant** die Benutzer bei der Verwaltung ihrer Kalender, beim Senden von Textnachrichten und stellt sogar Verkehrsmeldungen bereit, sodass sie den ganzen Tag über leichter organisiert bleiben.

4. Gesundheitsversorgung und psychische Gesundheit

Auch die Gesundheitsbranche profitiert von Chatbots, insbesondere in Bezug auf **die psychische Unterstützung** und **das Patientenmanagement** . KI-gestützte Bots können als erste Anlaufstelle für Patienten fungieren, Ratschläge erteilen, gesundheitsbezogene Fragen beantworten und sogar Therapiesitzungen anbieten.

Woebot ist ein beliebter Chatbot im Bereich der psychischen Gesundheit. Er hilft Benutzern, mit Stress, Angstzuständen und Depressionen umzugehen, indem er Techniken der kognitiven Verhaltenstherapie (CBT) anbietet. Woebot verwendet Konversations-KI, um Benutzern zu helfen, ihre Gedanken neu zu ordnen und Emotionen zu steuern, und bietet rund um die Uhr Unterstützung ohne menschliches Eingreifen.

5. E-Commerce und Einzelhandel

Im E-Commerce helfen Chatbots dabei, das Einkaufserlebnis zu personalisieren. So verwendet **H&M beispielsweise** einen Chatbot namens **Ada** , um Kleidungsstile basierend auf den Vorlieben, der Größe und früheren Einkäufen der Kunden vorzuschlagen. Auf diese Weise schafft der Chatbot ein intuitives und personalisiertes Einkaufserlebnis und erhöht die Wahrscheinlichkeit eines Verkaufs.

Beispiele aus der Praxis für erfolgreiche Chatbot-Implementierungen

- **Erica von der Bank of America** : Erica ist eine virtuelle Assistentin, die Kunden der Bank of America bei der Verwaltung ihrer Finanzen unterstützt. Von der Überprüfung des Kontostands bis hin zur Bereitstellung persönlicher Finanzberatung vereinfacht Erica Bankgeschäfte. Seit ihrer Einführung ist Erica zu einem wichtigen Teil des Kundendienstmodells der Bank geworden, bewältigt Millionen von Interaktionen und verbessert die Kundenzufriedenheit.

- **Lufthansas Chatbot Mildred** : Lufthansa hat Mildred eingeführt, um Kunden bei der Flugbuchung, beim Einchecken und beim Empfangen von Fluginformationen zu unterstützen. Der Chatbot hat den Bedarf an menschlichen Agenten erfolgreich reduziert und so den Kundendienstmitarbeitern mehr Zeit für komplexere Anfragen gegeben.

- **Domino's Pizza's Pizza Bot** : Domino's hat einen KI-gestützten Chatbot eingeführt, mit dem Kunden Pizza direkt über Facebook Messenger, Twitter und die Website bestellen können. Dieser Chatbot kann sich frühere Bestellungen merken, sodass Nachbestellungen mühelos möglich sind, und er hilft Kunden dabei, Standorte und Angebote problemlos zu finden.

Vorteile und potenzielle Herausforderungen von Chatbots

Vorteile:

- **Kostengünstig** : Durch die Automatisierung von Aufgaben, die traditionell von Menschen erledigt werden, senken Chatbots die

Betriebskosten. Unternehmen können den Kundenservice skalieren, ohne zusätzliches Personal einzustellen.

- **Höhere Effizienz** : Chatbots können mehrere Anfragen gleichzeitig bearbeiten, wodurch die Wartezeiten verkürzt und den Benutzern sofortige Antworten gegeben werden.

- **Personalisierung** : Chatbots können Interaktionen anhand der Benutzerpräferenzen anpassen, wodurch das Kundenerlebnis verbessert und Conversions gefördert werden.

- **Verfügbarkeit** : Chatbots sind rund um die Uhr verfügbar, sodass Benutzer immer Hilfe erhalten können, egal zu welcher Tageszeit.

- **Datenerfassung** : Chatbots können wertvolle Daten zu Benutzerpräferenzen, Verhaltensweisen und Feedback erfassen, die zur Verbesserung von Produkten und Dienstleistungen genutzt werden können.

Herausforderungen:

- **Komplexität** : Moderne Chatbots sind zwar sehr leistungsfähig, die Entwicklung und Wartung komplexer KI-Modelle kann jedoch ressourcenintensiv sein.

- **Benutzererfahrung** : Wenn Chatbots nicht richtig konzipiert sind, können sie Benutzer frustrieren, insbesondere wenn sie den Kontext nicht verstehen oder ungenaue Informationen liefern.

- **Sicherheit und Datenschutz** : Da Chatbots vertrauliche Daten verarbeiten, müssen Unternehmen sicherstellen, dass geeignete Sicherheitsmaßnahmen zum Schutz der persönlichen Daten der Benutzer vorhanden sind.

Chatbots haben seit ihren bescheidenen Anfängen einen langen Weg zurückgelegt und sich zu leistungsstarken Tools entwickelt, die die Zukunft von Unternehmen, Kundenservice und Alltag prägen. Von der Verbesserung des Kundenerlebnisses bis zur Steigerung des Umsatzes revolutionieren Chatbots die Art und Weise, wie wir mit Technologie interagieren. Das Verständnis ihrer Entwicklung, Fähigkeiten und ihres Potenzials ist für jeden, der in der schnell wachsenden KI-Branche innovativ sein oder davon profitieren möchte, von entscheidender Bedeutung. Da Unternehmen und Einzelpersonen weiterhin KI einsetzen, werden Chatbots in den kommenden Jahren zweifellos eine noch wichtigere Rolle bei der Förderung von Innovation und Erfolg spielen.

KAPITEL 2: ERSTE SCHRITTE: TOOLS UND PLATTFORMEN ZUM ERSTELLEN VON CHATBOTS

In der sich ständig weiterentwickelnden Welt der Technologie haben sich Chatbots als leistungsstarke Tools zur Automatisierung von Kundendienst-, Vertriebs- und Marketingaufgaben erwiesen. Egal, ob Sie Unternehmer, Entwickler oder jemand sind, der sich für KI interessiert, das Verständnis für die Erstellung eines Chatbots ist in der modernen digitalen Landschaft eine wesentliche Fähigkeit. Glücklicherweise sind zum Erstellen eines Chatbots keine umfassenden Programmierkenntnisse mehr erforderlich. Dank des Aufkommens von **No-Code-** und **Low-Code-Plattformen** kann jeder einen Chatbot entwerfen, bereitstellen und verwalten, selbst mit wenig oder gar keiner Programmiererfahrung.

In diesem Kapitel erfahren Sie Schritt für Schritt, wie Sie mit der Chatbot-Entwicklung beginnen. Wir behandeln eine Vielzahl von Tools und Plattformen, die für die Erstellung von Chatbots verfügbar sind, zeigen Ihnen, wie Sie die richtige Plattform basierend auf Ihren Zielen und Fähigkeiten auswählen, und geben Ihnen Schritt-für-Schritt-Anleitungen zum Erstellen eines einfachen Chatbots. Darüber hinaus vergleichen wir beliebte Chatbot-Plattformen wie **ChatGPT**, **Dialogflow** und **Rasa** und zeigen ihre Stärken und Schwächen auf. Am Ende dieses Kapitels verfügen Sie über das nötige Wissen, um Ihre Chatbot-Reise selbstbewusst zu beginnen.

Tools und Plattformen zum Erstellen von Chatbots

Der erste Schritt bei der Erstellung eines Chatbots ist die Wahl der richtigen Entwicklungsplattform. Abhängig von Ihren Zielen und Ihrem technischen Know-how stehen Ihnen verschiedene Arten von Plattformen zur Verfügung:

1. **No-Code-Plattformen**

   No-Code-Plattformen sind für Benutzer mit geringen oder keinen Programmierkenntnissen konzipiert. Diese Plattformen bieten eine visuelle Schnittstelle, auf der Sie Chatbots durch Ziehen und Ablegen von Komponenten erstellen können, was Anfängern den Einstieg erleichtert. No-Code-Tools sind ideal für einfache Chatbots, die sich auf grundlegende Funktionen wie das Beantworten von FAQs oder das Sammeln von Kontaktinformationen konzentrieren.

Beliebte No-Code-Plattformen:

- **Chatfuel** : Chatfuel ist eine der am häufigsten verwendeten No-Code-Plattformen zum Erstellen von Facebook Messenger-Chatbots. Es bietet eine benutzerfreundliche Oberfläche, vorgefertigte Vorlagen und Integration mit verschiedenen Diensten wie Google Sheets, Zapier und mehr. Chatfuel ist eine hervorragende Option für Anfänger, die einfache Chatbots für Social-Media-Plattformen erstellen möchten.

- **ManyChat** : ManyChat ist auf die Erstellung von Bots für Facebook Messenger spezialisiert, unterstützt aber mittlerweile auch SMS und E-Mail. Die Plattform bietet eine intuitive Drag-and-Drop-Oberfläche, mit der

Benutzer automatisierte Workflows erstellen, Nachrichten senden und Analysen verfolgen können.

- **Tars** : Mit Tars können Benutzer Chatbots für Websites und Landingpages erstellen. Der Drag-and-Drop-Builder vereinfacht die Chatbot-Erstellung und ist für Benutzer ohne technische Kenntnisse konzipiert. Tars ist ideal für Unternehmen, die Chatbots zur Lead-Generierung erstellen oder den Kundensupport optimieren möchten.

2. **Low-Code-Plattformen**

Low-Code-Plattformen sind leistungsfähiger als No-Code-Plattformen und ermöglichen eine größere Anpassung. Diese Plattformen bieten eine Mischung aus visuellen Tools und Codierungsoptionen und sind daher für Benutzer mit einigen Programmierkenntnissen geeignet. Low-Code-Plattformen sind ideal, wenn Sie anspruchsvollere Chatbots erstellen möchten, z. B. solche, die eine Integration mit anderen Softwaresystemen oder benutzerdefinierte Funktionen erfordern.

Beliebte Low-Code-Plattformen:

- **Dialogflow** : Dialogflow wurde von Google entwickelt und ist eine der beliebtesten Low-Code-Plattformen zum Erstellen von Chatbots. Es verwendet die Verarbeitung natürlicher Sprache (NLP), um Benutzereingaben zu verstehen und intelligent zu reagieren. Dialogflow unterstützt eine breite Palette von Plattformen, darunter Google Assistant, Slack, Facebook Messenger und mehr. Es ist perfekt für alle, die Konversationsbots mit tieferen Integrationen und erweiterten Funktionen erstellen möchten.

o **Rasa** : Rasa ist eine Open-Source-Plattform, die ein hohes Maß an Anpassung und Flexibilität bietet. Im Gegensatz zu No-Code-Plattformen erfordert Rasa Programmierkenntnisse, bietet aber leistungsstarke Tools zum Erstellen kontextbezogener Chatbots. Entwickler können Rasa verwenden, um Chatbots mit maschinellen Lernfunktionen zu erstellen, sodass sich die Bots im Laufe der Zeit basierend auf Benutzerinteraktionen verbessern können. Rasa ist ideal für Entwickler, die komplexe Chatbots auf Unternehmensniveau erstellen möchten.

o **Microsoft Bot Framework** : Dieses Framework bietet eine Reihe von Tools und Diensten zum Erstellen intelligenter Bots. Es unterstützt mehrere Programmiersprachen, darunter C#, Node.js und Python, und ist daher eine gute Wahl für Entwickler, die mit diesen Sprachen vertraut sind. Microsoft Bot Framework lässt sich problemlos in Azure integrieren und ermöglicht Ihnen die Bereitstellung von Bots über verschiedene Kanäle.

3. **KI-gestützte Plattformen**

KI-gestützte Plattformen ermöglichen eine noch ausgefeiltere Chatbot-Entwicklung. Diese Plattformen nutzen maschinelles Lernen, NLP und manchmal sogar Deep Learning, um hochintelligente Bots zu erstellen, die komplexe Abfragen verstehen, aus Interaktionen lernen und sich an Benutzerpräferenzen anpassen können.

Beliebte KI-gestützte Plattformen:

- **ChatGPT** : ChatGPT von OpenAI ist ein KI-Modell, das dynamische, menschenähnliche Gespräche führen kann. ChatGPT kann in verschiedene Anwendungen integriert werden, darunter Chatbots für den Kundenservice, Bots zur Inhaltserstellung und mehr. Obwohl es sich nicht um einen traditionellen Chatbot-Builder handelt, wird es häufig verwendet, um Konversationsagenten mit erweiterten Sprachfunktionen zu erstellen. Entwickler können das Modell optimieren oder die GPT-3-API für spezifischere Aufgaben verwenden.

- **IBM Watson Assistant** : IBM Watson ist eine KI-gestützte Plattform, die maschinelles Lernen nutzt, um Kundenanfragen zu verstehen und zu beantworten. Watson Assistant ermöglicht es Benutzern, erweiterte Chatbots zu erstellen, die komplexe Aufgaben erledigen können, wie z. B. personalisierte Empfehlungen geben und sich in andere Geschäftssysteme integrieren. Die Plattform bietet sowohl No-Code- als auch Low-Code-Optionen und ist daher für eine breite Palette von Benutzern geeignet.

So wählen Sie die richtige Plattform

Wie wählen Sie bei so vielen verfügbaren Tools zum Erstellen von Chatbots das beste für Ihre Anforderungen aus? Im Folgenden finden Sie wichtige Faktoren, die Sie bei der Auswahl einer Plattform berücksichtigen sollten:

1. **Ihr Fähigkeitsniveau**

    o   Wenn Sie keine Programmiererfahrung haben und einen einfachen Chatbot erstellen müssen, sind **No-Code-Plattformen** wie **Chatfuel** oder **ManyChat am einfachsten zu verwenden.**

    o   Wenn Sie über Programmierkenntnisse verfügen und mehr Flexibilität und Anpassungsmöglichkeiten wünschen, bieten Ihnen **Low-Code-Plattformen** wie **Dialogflow** oder **Rasa die Möglichkeit, erweiterte Funktionen zu integrieren.**

    o   Wenn Sie ein erfahrener Entwickler sind oder hochintelligente Bots erstellen möchten, sollten Sie Plattformen in Betracht ziehen, die KI-gesteuerte Lösungen anbieten, wie **ChatGPT** oder **IBM Watson Assistant** .

2. **Art des Chatbots**

    o   **Chatbots für den Kundenservice** : Wenn Ihr Ziel darin besteht, einen Chatbot für den Kundenservice zu erstellen, benötigen Sie eine Plattform, die auf NLP spezialisiert ist und Benutzeranfragen in einem Gesprächsstil verstehen kann. Plattformen wie **Dialogflow** , **IBM Watson** und **Rasa** sind großartige Optionen.

- **Chatbots zur Lead-Generierung und für den Vertrieb** : Für Bots, die sich auf die Lead-Generierung und Vertriebsautomatisierung konzentrieren, können No-Code-Plattformen wie **ManyChat** oder **Tars** Ihnen dabei helfen, schnell einfache, aber effektive Bots zu erstellen.

- **E-Commerce-Chatbots** : Wenn Sie einen Chatbot für eine E-Commerce-Plattform erstellen, suchen Sie nach Plattformen, die sich problemlos in Ihren Shop integrieren lassen. **Shopify** bietet Chatbot-Integrationen und **ManyChat** kann ebenfalls mit verschiedenen E-Commerce-Plattformen verbunden werden.

3. **Integration mit anderen Tools**
   - Stellen Sie sicher, dass die Plattform Ihrer Wahl mit den Tools kompatibel ist, die Sie bereits verwenden. Wenn Sie beispielsweise **Google Sheets** zur Datenverwaltung verwenden, lässt sich **Chatfuel** nahtlos darin integrieren. Wenn Sie **Slack** oder **Facebook Messenger verwenden** , bieten Plattformen wie **Dialogflow** integrierte Integrationen für diese Kanäle.

4. **Budget**
   - Berücksichtigen Sie die Preismodelle der einzelnen Plattformen. **No-Code-Plattformen** wie **ManyChat** bieten kostenlose Tarife, für erweiterte Funktionen ist jedoch häufig ein kostenpflichtiges Abonnement erforderlich. **Low-Code- und KI-gestützte Plattformen** haben in der Regel gestaffelte Preise

basierend auf der Nutzung. Daher ist es wichtig, bei der Auswahl einer Plattform Ihr Budget zu berücksichtigen.

Schritt-für-Schritt-Anleitung zum Einrichten eines einfachen Chatbots

Nachdem Sie nun eine Vorstellung von den verfügbaren Plattformen haben, gehen wir die Schritte zum Einrichten eines einfachen Chatbots mit **ManyChat durch**, einer beliebten No-Code-Plattform.

Schritt 1: Registrieren und einen neuen Bot erstellen

1. Gehen Sie zur **ManyChat**-Website und registrieren Sie sich für ein kostenloses Konto.

2. Klicken Sie nach der Anmeldung auf „Neuen Bot erstellen" und wählen Sie die Plattform aus, in die Sie den Bot integrieren möchten (z. B. Facebook Messenger).

3. Sie werden aufgefordert, Ihr Facebook-Konto zu verbinden. Wählen Sie nach der Verbindung die Facebook-Seite aus, auf der Sie Ihren Bot bereitstellen möchten.

Schritt 2: Richten Sie Ihr erstes Gespräch ein

1. Nachdem Ihre Seite verbunden ist, werden Sie zum ManyChat-Dashboard weitergeleitet. Klicken Sie im linken Menü auf „Automatisierung".

2. Klicken Sie auf „+ Neuer Flow", um mit dem Aufbau der Konversation Ihres Chatbots zu beginnen.

3. Erstellen Sie eine einfache Begrüßungsnachricht, etwa: „Hallo! Wie kann ich Ihnen heute behilflich sein?"

4. Fügen Sie Antwortoptionen hinzu wie: „1. Hilfe bei Bestellungen erhalten" und „2. Support kontaktieren."

Schritt 3: Antworten und Aktionen konfigurieren

1. Für jede Antwortoption fügen Sie entsprechende Aktionen hinzu. Wenn ein Benutzer beispielsweise „Hilfe bei Bestellungen erhalten" auswählt, können Sie eine Aktion hinzufügen, um eine Nachricht wie „Bitte geben Sie Ihre Bestellnummer ein" zu senden.

2. **Schnellantworten (vordefinierte Antworten)** hinzufügen, um die Konversation reibungsloser zu gestalten.

Schritt 4: Testen Sie Ihren Chatbot

1. Nachdem Sie Ihren Chatbot konfiguriert haben, klicken Sie auf „Vorschau", um zu testen, wie der Chatbot mit Benutzern interagiert.

2. Verwenden Sie das integrierte Testtool, um Konversationen zu simulieren und sicherzustellen, dass der Bot richtig reagiert.

3. Nehmen Sie die erforderlichen Anpassungen am Ablauf und den Antworten vor.

Schritt 5: Bereitstellen und Überwachen

1. Wenn Sie mit Ihrem Chatbot zufrieden sind, klicken Sie auf „Veröffentlichen", um ihn live zu schalten.

2. Überwachen Sie Benutzerinteraktionen und verfolgen Sie die Leistung über die Registerkarte **„Analytics"** im Dashboard von ManyChat.

So meistern Sie typische Anfängerschwierigkeiten

Obwohl die Entwicklung eines Chatbots einfacher denn je ist, stehen Anfänger oft vor mehreren Herausforderungen. Hier sind einige Tipps, um diese zu überwinden:

1. **Benutzerabsicht verstehen** : Eine der häufigsten Herausforderungen besteht darin, Ihrem Bot beizubringen, die Benutzerabsicht zu verstehen. Beginnen Sie mit einfachen, klaren Fragen und Antworten und steigern Sie nach und nach die Komplexität. **Dialogflow** bietet **Schulungstools**, die dabei helfen, das Verständnis des Bots im Laufe der Zeit zu verbessern.

2. **Natürliche Gespräche schaffen** : Es kann schwierig sein, Chatbots einen natürlichen Klang zu verleihen. Konzentrieren Sie sich darauf, kurze, freundliche Nachrichten zu verfassen, die sich wie ein Gespräch anfühlen. Testen Sie die Antworten des Chatbots mit echten Benutzern, um zu sehen, ob der Ton angemessen ist.

3. **Umgang mit Einschränkungen** : No-Code-Plattformen sind zwar einfach zu verwenden, es fehlen ihnen jedoch möglicherweise einige erweiterte Funktionen, die erfahrene Entwickler möglicherweise benötigen. Erwägen Sie den Wechsel zu einer Low-Code- oder KI-gestützten Plattform wie **Rasa** oder **IBM Watson**, wenn Sie mehr Anpassungsmöglichkeiten benötigen.

Die Wahl der richtigen Plattform zum Erstellen eines Chatbots hängt von Ihren Zielen, Ihrem Kenntnisstand und der Komplexität des Chatbots ab, den Sie erstellen möchten. Egal, ob Sie sich für No-Code-Lösungen wie

Chatfuel oder **ManyChat**, Low-Code-Plattformen wie **Dialogflow** oder KI-gestützte Tools wie **ChatGPT entscheiden**, es gibt eine Plattform für jeden Benutzertyp. Wenn Sie die in diesem Kapitel beschriebenen Schritte befolgen und die bereitgestellten Tipps berücksichtigen, sind Sie auf dem besten Weg, Ihren eigenen Chatbot zu erstellen und seine Leistungsfähigkeit zu nutzen, um Aufgaben zu automatisieren und das Benutzererlebnis zu verbessern.

KAPITEL 3: CHATBOTS ENTWICKELN, DIE BEGEISTERN UND KONVERTIEREN

Chatbots sind zu unverzichtbaren Tools für Unternehmen geworden, die ihre Betriebsabläufe optimieren, die Kundenbindung verbessern und die Conversion-Rate steigern möchten. Der Erfolg eines Chatbots hängt jedoch nicht nur von seinen technischen Fähigkeiten ab, sondern auch davon, wie gut er Benutzer einbinden und zu den gewünschten Aktionen führen kann. Ganz gleich, ob Ihr Ziel darin besteht, den Umsatz zu steigern, Leads zu erfassen oder Kundensupport zu bieten – ein Chatbot muss ein nahtloses, ansprechendes und personalisiertes Erlebnis bieten.

Dieses Kapitel bietet eine umfassende Anleitung zum Entwerfen von Chatbots, die nicht nur Benutzer einbinden, sondern Interaktionen auch in sinnvolle Ergebnisse umwandeln. Wir werden die Bedeutung des Konversationsdesigns, die Best Practices zum Erstellen effektiver Konversationsabläufe und Strategien zur Personalisierung von Benutzererfahrungen untersuchen. Darüber hinaus werden wir Methoden zur Verbesserung der Chatbot-Benutzerfreundlichkeit, zur Optimierung der Benutzerführung und zum Testen der Chatbot-Leistung besprechen, um maximale Effektivität sicherzustellen. Abschließend werden wir uns reale Fallstudien erfolgreicher Chatbots ansehen, um die besprochenen Prinzipien zu veranschaulichen.

Die Bedeutung des Konversationsdesigns

Konversationsdesign bezeichnet die Kunst, Interaktionen zwischen einem Benutzer und einem Chatbot zu strukturieren. So wie ein ansprechendes Skript für einen erfolgreichen Kundendienstmitarbeiter entscheidend ist, sind gut gestaltete Gespräche von grundlegender Bedeutung für die

Effektivität eines Chatbots. Das Ziel besteht darin, Dialoge zu erstellen, die sich natürlich und intuitiv anfühlen und Benutzer zu einem bestimmten Ergebnis führen, sei es ein Kauf, die Anmeldung für einen Newsletter oder die Lösung eines Problems.

Effektives Konversationsdesign berücksichtigt mehrere Faktoren:

1. **Benutzerabsicht** : Zu verstehen, was der Benutzer erreichen möchte, ist der erste Schritt bei der Entwicklung eines Chatbots, der gut funktioniert. Dazu müssen häufige Benutzeranfragen vorhergesehen und die Antworten entsprechend strukturiert werden.

2. **Ton und Sprache** : Der Ton sollte die Persönlichkeit Ihrer Marke widerspiegeln. Ist Ihre Marke formell oder leger? Freundlich oder autoritär? Sprache und Ton der Antworten des Chatbots sollten mit der Stimme Ihrer Marke übereinstimmen und gleichzeitig für den Benutzer leicht verständlich sein.

3. **Benutzerfreundlichkeit** : Einfachheit ist der Schlüssel. Ein Chatbot sollte Benutzer nicht mit unnötigen Optionen oder Informationen überfordern. Wenn Interaktionen kurz und unkompliziert gehalten werden, verbessert dies die Benutzerfreundlichkeit und Zufriedenheit.

4. **Gesprächsfluss** : Der Gesprächsfluss muss logisch und intuitiv sein. Ein effektiver Fluss führt den Benutzer ohne Verwirrung oder Verzögerungen von einem Schritt zum nächsten.

Best Practices für die Gestaltung effektiver Gesprächsabläufe

Die Struktur und das Design des Gesprächsflusses Ihres Chatbots sind entscheidend, um sicherzustellen, dass die Benutzer engagiert bleiben und motiviert sind, Aktionen auszuführen. Hier sind einige bewährte Methoden, die Ihnen dabei helfen, einen Chatbot zu entwerfen, der Benutzer effektiv einbindet:

1. **Beginnen Sie mit einer freundlichen Begrüßung**

    o Eine herzliche und einladende Begrüßung gibt den Ton für eine positive Interaktion an. Ein Chatbot könnte beispielsweise mit etwas wie „Hallo! Wie kann ich Ihnen heute helfen?" beginnen, anstatt einfach in eine Liste von Optionen einzutauchen.

    o Auch personalisierte Begrüßungen, etwa mit dem Namen des Nutzers, sofern dieser bekannt ist, tragen zum Aufbau einer Beziehung von Anfang an bei.

2. **Mach es einfach**

    o Der Schlüssel zu einem effektiven Konversationsdesign ist Einfachheit. Bieten Sie den Benutzern einige klare Optionen zur Auswahl, anstatt sie mit einer Textwand zu überfordern.

    o Verwenden Sie Schaltflächen, Schnellantworten und Karten, um es Benutzern zu erleichtern, schnell zu handeln, ohne lange Antworten eintippen zu müssen.

3. **Führen Sie den Benutzer Schritt für Schritt**
    - Ein guter Chatbot führt Benutzer mit minimalem Aufwand durch die Interaktion. Wenn der Benutzer eine bestimmte Aufgabe ausführen muss (z. B. einen Termin buchen oder ein Produkt kaufen), sollte der Chatbot den Prozess in einfache Schritte aufteilen.
    - Anstatt den Benutzer beispielsweise im Voraus um viele Informationen zu bitten, teilen Sie die Anfrage in kleinere Abschnitte auf: „Bitte geben Sie Ihren Namen an", dann „Für welches Datum möchten Sie buchen?" und so weiter.

4. **Personalisierung nutzen**
    - Personalisierung ist eine der effektivsten Möglichkeiten, Benutzer einzubinden. Ein Chatbot, der sich an vergangene Interaktionen erinnert und maßgeschneiderte Empfehlungen bietet, wirkt intuitiver und menschlicher.
    - Wenn ein Benutzer beispielsweise schon einmal mit dem Chatbot interagiert hat, kann der Chatbot sagen: „Willkommen zurück! Möchten Sie dort weitermachen, wo Sie aufgehört haben?"

5. **Bieten Sie klare Optionen**
    - Geben Sie den Benutzern immer klare Auswahlmöglichkeiten, um Verwirrung zu vermeiden. Wenn der Chatbot nicht sicher ist, wie er auf eine Anfrage antworten soll, sollte er dem Benutzer

Optionen anbieten, die dabei helfen können, das Gespräch in die richtige Richtung zu lenken.

- Verwenden Sie Schaltflächen für Antworten wie „Ja", „Nein" oder „Ich brauche Hilfe" anstelle der freien Texteingabe, die zu Missverständnissen führen kann.

6. **Bieten Sie hilfreiche Antworten**

    - Ein Chatbot muss in der Lage sein, mit einer Vielzahl von Szenarien umzugehen und hilfreiche Antworten zu geben. Wenn der Chatbot eine Frage nicht beantworten kann, sollte er den Benutzer an eine andere Ressource weiterleiten, beispielsweise an einen menschlichen Agenten oder eine relevante Seite auf Ihrer Website.

7. **Fehlerbehandlung verwenden**

    - Trotz bester Planung kommt es vor, dass Benutzer etwas eingeben, was der Chatbot nicht versteht. In solchen Fällen ist eine Fehlerbehandlung unerlässlich.

    - Ein guter Ansatz besteht darin, den Benutzer höflich zu bitten, seine Anfrage anders zu formulieren oder ihm eine Reihe von Optionen anzubieten, um ihn wieder auf den richtigen Weg zu bringen.

8. **Beenden Sie mit einem klaren Aufruf zum Handeln**

    - Jede Interaktion mit einem Chatbot sollte auf ein klares Ziel ausgerichtet sein, beispielsweise einen Kauf tätigen, ein Formular einreichen oder Feedback geben. Am Ende der Konversation sollte ein starker Call-to-Action (CTA) enthalten sein, beispielsweise „Möchten Sie Ihre

Bestellung abschließen?" oder „Klicken Sie hier, um mit einem Live-Agenten zu sprechen."

- Durch die Bereitstellung eines klaren nächsten Schritts sind die Benutzer zuversichtlich, was als Nächstes zu tun ist.

Strategien zur Personalisierung des Benutzererlebnisses

Personalisierung ist für die Steigerung von Engagement und Konversionsraten unerlässlich. Je besser ein Chatbot seine Antworten auf die spezifischen Bedürfnisse, Vorlieben und Verhaltensweisen des Benutzers zuschneiden kann, desto wahrscheinlicher ist es, dass sich der Benutzer wertgeschätzt und verstanden fühlt.

Hier sind einige Strategien zur Personalisierung des Benutzererlebnisses:

1. **Verwenden Sie Benutzerdaten mit Bedacht**
   - Wenn Sie Daten von Benutzern erfassen (wie etwa deren Namen, Standort oder frühere Einkäufe), können Sie diese nutzen, um Antworten anzupassen und relevantere Empfehlungen bereitzustellen. Ein Chatbot für Reisebüros könnte beispielsweise fragen: „Planen Sie noch Ihre Reise nach Paris?", wenn er weiß, dass es bei der vorherigen Interaktion des Benutzers um die Buchung einer Reise dorthin ging.

2. **Segmentierte Erlebnisse schaffen**

- Segmentieren Sie Ihr Publikum anhand verschiedener Kriterien wie demografischen Merkmalen, früherem Verhalten oder Kaufhistorie. Auf diese Weise können Sie personalisierte Erlebnisse für verschiedene Benutzergruppen erstellen. Ein Chatbot könnte beispielsweise personalisierte Produktempfehlungen basierend auf dem bisherigen Browserverlauf oder den jüngsten Interaktionen eines Benutzers anbieten.

3. **Nutzen Sie KI und maschinelles Lernen**
    - Fortgeschrittene Chatbots mit KI-Unterstützung können aus jeder Interaktion lernen und mit der Zeit die Benutzerpräferenzen besser verstehen. Durch die Implementierung von Algorithmen für maschinelles Lernen kann sich Ihr Chatbot an die Benutzeranforderungen anpassen und seine Antworten verbessern.
    - Wenn ein Benutzer beispielsweise häufig nach einem bestimmten Produkt fragt, kann der Chatbot ähnliche Artikel vorschlagen oder Updates zur Verfügbarkeit des Artikels bereitstellen.

4. **Kontextinformationen verwenden**
    - Kontextualisierung ist die Fähigkeit des Chatbots, die Situation des Benutzers zu verstehen und Antworten zu geben, die im jeweiligen Moment relevant sind. Wenn ein Benutzer beispielsweise in einem Online-Shop stöbert und einen Artikel in seinen Warenkorb legt, könnte der Chatbot fragen: „Möchten Sie zur Kasse gehen?"

Tipps zur Verbesserung der Chatbot-Benutzerfreundlichkeit

Die Benutzerfreundlichkeit eines Chatbots wirkt sich direkt auf seine Fähigkeit aus, Benutzer einzubinden und Konversionen zu erzielen. Ein schlecht konzipierter oder schwer zu verwendender Chatbot frustriert

Benutzer, was zu abgebrochenen Gesprächen und verpassten Gelegenheiten führt. Hier sind einige Tipps zur Verbesserung der Benutzerfreundlichkeit:

1. **Für Geschwindigkeit optimieren**

    o Benutzer erwarten schnelle Antworten von Chatbots. Stellen Sie sicher, dass Ihr Chatbot umgehend antwortet und vermeiden Sie lange Verzögerungen zwischen Benutzereingabe und Antwort des Bots.

2. **Sorgen Sie für einen reibungslosen Gesprächsfluss**

    o Stellen Sie sicher, dass das Gespräch natürlich verläuft und die Antworten kohärent und relevant sind. Ein unzusammenhängendes Gespräch verliert schnell die Aufmerksamkeit des Benutzers.

3. **Plattformübergreifend zugänglich sein**

    o Stellen Sie sicher, dass Ihr Chatbot plattformübergreifend zugänglich ist, sei es auf Ihrer Website, in sozialen Medien oder in einer mobilen App. Benutzer sollten von überall aus mit dem Chatbot interagieren können.

4. **Sprache vereinfachen**

    o Vermeiden Sie Fachjargon oder übermäßig technische Sprache in den Antworten Ihres Chatbots. Der Bot sollte eine einfache, leicht verständliche Sprache verwenden, um sicherzustellen, dass alle Benutzer effektiv mit ihm interagieren können.

Testen der Chatbot-Leistung für bessere Ergebnisse

Bevor Sie Ihren Chatbot bereitstellen, müssen Sie ihn unbedingt testen, um sicherzustellen, dass er wie vorgesehen funktioniert. Regelmäßige Tests helfen auch dabei, Bereiche zu identifizieren, die verbessert und optimiert werden müssen.

1. **Testen Sie mit echten Benutzern**
   - Führen Sie Benutzertests mit echten Menschen durch, um etwaige Probleme mit der Funktionalität oder Benutzerfreundlichkeit des Chatbots zu identifizieren. Beobachten Sie, wie Benutzer mit dem Bot interagieren, und sammeln Sie Feedback zu ihren Erfahrungen.

2. **Überwachen Sie Analysen**
   - Verfolgen Sie die Leistung des Chatbots mithilfe von Analysetools. Zu den wichtigsten zu überwachenden Kennzahlen gehören Abschlussraten, Benutzerzufriedenheit, Konversionsraten und durchschnittliche Antwortzeiten. Nutzen Sie diese Daten, um fundierte Anpassungen vorzunehmen und die Leistung des Bots zu verbessern.

3. **A/B-Tests**
   - Führen Sie A/B-Tests mit verschiedenen Dialogversionen Ihres Chatbots durch, um zu ermitteln, welche Gesprächsabläufe und Antworten zu den besten Ergebnissen führen, sei es eine höhere Konvertierungsrate oder ein besseres Engagement der Benutzer.

Fallstudien: Beispiele für ansprechende und hochkonvertierende Chatbots

1. **Sephoras virtueller Künstler**
   - Sephoras Chatbot „Virtual Artist" ermöglicht es Kunden, Make-up virtuell mithilfe von Augmented Reality auszuprobieren. Der Bot bietet personalisierte Produktempfehlungen basierend auf den Präferenzen des Benutzers, wodurch das Einkaufserlebnis spannender wird und Besucher in Kunden umgewandelt werden.

2. **Der Chatbot von H&M**
   - Der Chatbot von H&M führt die Benutzer durch ihren Einkaufsbummel und schlägt ihnen Produkte vor, die zu ihrem Stil und ihren Vorlieben passen. Außerdem sendet er personalisierte Angebote und animiert die Benutzer so zum Kauf.

3. **Macy's Bereitschaftsdienst**
   - Macy's hat einen Chatbot entwickelt, der Kunden bei der Orientierung in seinen großen Kaufhäusern unterstützt. Durch den Einsatz standortbasierter Technologie kann der Chatbot maßgeschneiderte Wegbeschreibungen, Produktinformationen und Hilfestellungen bereitstellen, sodass Käufer schnell und einfach finden, was sie brauchen.

Um einen Chatbot zu entwickeln, der Benutzer einbindet und Konversionen fördert, müssen Konversationsdesign, Personalisierung und Benutzerfreundlichkeit sorgfältig berücksichtigt werden. Indem Unternehmen Best Practices für die Gestaltung klarer und überzeugender Konversationen, die Personalisierung von Benutzererfahrungen und die Optimierung der Chatbot-Leistung befolgen, können sie Chatbots erstellen, die Kunden nicht nur anziehen, sondern auch binden und konvertieren. Regelmäßige Tests und Iterationen sind unerlässlich, um sicherzustellen, dass Ihr Chatbot relevant und effektiv bleibt und so langfristigen Erfolg erzielt. Die Zukunft der Chatbot-Technologie birgt enormes Potenzial und die Beherrschung der Kunst, ansprechende Bots mit hohen Konversionsraten zu entwickeln, ist der Schlüssel, um in der Wettbewerbslandschaft die Nase vorn zu behalten.

KAPITEL 4: ERWEITERTE FUNKTIONEN: CHATBOTS MIT GPT-4 UND KI-TOOLS VERBESSERN

Chatbots haben sich im letzten Jahrzehnt erheblich weiterentwickelt und sich von einfachen regelbasierten Systemen zu hochentwickelten KI-gesteuerten Gesprächsagenten entwickelt. Mit dem Aufkommen hochmoderner Technologien wie **GPT-4** und anderen Tools für künstliche Intelligenz (KI) haben sich die Fähigkeiten von Chatbots exponentiell erweitert. Heute können Chatbots nicht nur menschliche Gespräche simulieren, sondern auch komplexe Aufgaben ausführen, natürliche Sprache verstehen und personalisierte Interaktionen über mehrere Plattformen hinweg anbieten.

In diesem Kapitel geht es um die Integration erweiterter Funktionen in Chatbots mithilfe von GPT-4 und anderen KI-Tools. Wir werden uns mit der Verarbeitung natürlicher Sprache (NLP), mehrsprachigen Funktionen und plattformübergreifender Kompatibilität befassen, die alle zur Erstellung intelligenterer, intuitiverer und effizienterer Chatbots beitragen. Darüber hinaus werden wir praktische Anwendungen wie Inhaltsgenerierung, personalisierte Empfehlungen und dynamische Antworten untersuchen und Beispiele aus der Praxis sowie umsetzbare Tipps für die effektive Nutzung dieser Tools bieten.

1. Natural Language Processing (NLP): Kommunikation verstehen und verbessern

Die Verarbeitung natürlicher Sprache (Natural Language Processing, NLP) ist der Kern der fortgeschrittenen Chatbot-

Entwicklung. NLP ermöglicht es Chatbots, menschliche Sprache auf eine Weise zu verstehen, zu interpretieren und zu generieren, die eine natürliche Konversation nachahmt. Mit GPT-4 können Chatbots eine breite Palette von Fragen, Anfragen und Eingaben auf hochentwickelte Weise verarbeiten und beantworten.

Was ist NLP?

NLP umfasst mehrere Teilbereiche wie **Tokenisierung**, **Wortart-Tagging**, **Named Entity Recognition (NER)** und **Sentimentanalyse**. Diese ermöglichen es Chatbots, Aufgaben auszuführen wie:

- **Sätze in kleinere Einheiten zerlegen** : Wörter, Ausdrücke und Syntax verstehen, um Bedeutung herauszufiltern.

- **Absicht erkennen** : Erkennen des Ziels des Benutzers hinter einer Nachricht.

- **Kontext verstehen** : Vorherige Nachrichten in einem Gespräch bestätigen, um Relevanz und Kohärenz sicherzustellen.

- **Stimmungsanalyse** : Ermitteln Sie, ob die Nachricht des Benutzers positiv, negativ oder neutral ist. Dies kann Einfluss auf die Reaktion des Chatbots haben.

GPT-4 und NLP-Integration

Die überlegenen NLP-Fähigkeiten von GPT-4 ermöglichen es, menschenähnlichen Text zu generieren, wodurch Gespräche natürlicher und flüssiger werden. Durch die Integration von GPT-4 in Ihren Chatbot können Sie Folgendes erreichen:

- **Kontextverständnis** : GPT-4 kann den Kontext einer Konversation verstehen und so relevantere und präzisere

Antworten liefern. So kann es beispielsweise auf vorherige Gespräche zurückgreifen und den Gesprächsfluss aufrechterhalten.

- **Sprachgenerierung** : GPT-4 zeichnet sich durch die Generierung kohärenter, natürlich klingender Antworten auf Benutzeranfragen aus und ist damit ein perfektes Tool zur Verbesserung von Chatbot-Gesprächen.

- **Mehrstufige Konversationen** : Im Gegensatz zu einfacheren Chatbots kann GPT-4 Konversationen mit mehreren Turns verarbeiten und so einen Hin- und Her-Dialog ermöglichen, der sich eher wie eine Interaktion mit einem Menschen anfühlt.

Praktische Schritte zur Integration von NLP in Ihren Chatbot

1. **Wählen Sie eine NLP-API** : Die API von GPT-4 oder andere NLP-Tools wie Google Cloud NLP oder Microsoft Azure Text Analytics können in Ihr Chatbot-Framework integriert werden. Diese Tools bieten vorgefertigte Funktionen wie Stimmungsanalyse, Entitätserkennung und Textklassifizierung.

2. **Definieren Sie den Zweck des Chatbots** : Um die NLP-Integration zu optimieren, definieren Sie den primären Anwendungsfall des Chatbots (z. B. Kundenservice, Lead-Generierung usw.) und passen Sie die NLP-Konfiguration entsprechend an.

3. **Trainieren Sie das Modell** : GPT-4 bietet zwar leistungsstarke vortrainierte Modelle, aber das Trainieren des Systems mit branchenspezifischen Begriffen, Ausdrücken und Unternehmensdaten kann dazu beitragen, die Antworten zu verfeinern und ihre Genauigkeit zu verbessern.

4. **Behandeln Sie Mehrdeutigkeiten** : Erstellen Sie Fallback-Antworten oder Übergabemechanismen an menschliche Agenten für Situationen, in denen der Chatbot die Anfrage nicht verstehen oder lösen kann.

2. Mehrsprachigkeit: Sprachbarrieren überwinden

In einer zunehmend globalisierten Welt sind mehrsprachige Funktionen für Chatbots, die unterschiedliche Benutzergruppen bedienen, unerlässlich. Mit der Leistung von GPT-4 und KI-Übersetzungstools können Chatbots jetzt in mehreren Sprachen kommunizieren und Benutzern unabhängig von ihrem Standort oder ihrer bevorzugten Sprache personalisierte Erlebnisse bieten.

Bedeutung mehrsprachiger Funktionen

Ein Chatbot, der mehrere Sprachen versteht und in mehreren Sprachen antworten kann, ist für Folgendes von entscheidender Bedeutung:

- **Erweiterung der Marktreichweite** : Unternehmen können Kunden in verschiedenen Regionen unterstützen und mit ihnen in Kontakt treten und so effektiv ein breiteres Publikum erreichen.

- **Verbesserung des Benutzererlebnisses** : Indem Sie in der Muttersprache des Benutzers kommunizieren, verbessern Sie dessen Erlebnis und schaffen Vertrauen.

- **Frustration minimieren** : Sprachbarrieren können oft zu Verwirrung und Frustration führen. Ein mehrsprachiger Chatbot kann dies lindern, indem er den Benutzern eine nahtlose Kommunikation ermöglicht.

GPT-4 für mehrsprachige Unterstützung

Die Mehrsprachigkeit von GPT-4 ist beeindruckend. Es unterstützt eine Vielzahl von Sprachen und kann Kontext, Ton und Bedeutung in diesen Sprachen verstehen. Einige bemerkenswerte Funktionen sind:

- **Automatische Spracherkennung** : GPT-4 kann die Sprache der Benutzereingaben erkennen und in derselben Sprache antworten, wodurch ein nahtloser Konversationsfluss entsteht.

- **Kontextbezogene Übersetzung** : GPT-4 zeichnet sich durch kontextbezogene Übersetzungen aus und stellt sicher, dass idiomatische Ausdrücke oder kulturspezifische Ausdrücke genau übersetzt werden.

- **Sprachwechsel** : Der Chatbot kann mitten im Gespräch zwischen Sprachen wechseln und so zweisprachigen Benutzern oder Benutzern entgegenkommen, die in verschiedenen Phasen der Interaktion lieber in verschiedenen Sprachen kommunizieren.

Praktische Schritte zur Implementierung mehrsprachiger Funktionen

1. **Zielsprachen identifizieren** : Entscheiden Sie, welche Sprachen für Ihr Publikum am relevantesten sind. Nutzen Sie die Funktionen von GPT-4, um diese Sprachen effektiv abzudecken.

2. **Integrieren Sie GPT-4 mit Sprachübersetzungs-APIs** : Wenn die integrierten Übersetzungsfunktionen von GPT-4 nicht ausreichen, integrieren Sie Tools von Drittanbietern wie Google Translate oder Microsoft Translator für zusätzliche Sprachunterstützung.

3. **Sprachumschaltung aktivieren** : Erstellen Sie Mechanismen, mit denen Benutzer während Unterhaltungen manuell die Sprache wechseln können oder Spracheinstellungen automatisch anhand der Benutzerprofileinstellungen erkannt werden können.

4. **Auf Genauigkeit testen** : Führen Sie umfangreiche Tests durch, um sicherzustellen, dass die mehrsprachige Unterstützung reibungslos funktioniert, und achten Sie dabei besonders auf Dialekte, Slang und kulturelle Nuancen.

3. Plattformübergreifende Kompatibilität: Aufbau einer einheitlichen Erfahrung

Heutzutage interagieren Benutzer mit Chatbots auf mehreren Plattformen, darunter Websites, mobile Apps, soziale Medien und Messaging-Apps. Damit ein Chatbot wirklich effektiv ist, muss er an allen diesen Kontaktpunkten ein konsistentes und einheitliches Erlebnis bieten.

Die Bedeutung plattformübergreifender Kompatibilität

Plattformübergreifende Kompatibilität ist unerlässlich, um sicherzustellen, dass Ihr Chatbot Benutzer überall erreichen kann. Unabhängig davon, ob Benutzer über Facebook Messenger, Slack, WhatsApp oder eine Website interagieren, muss der Chatbot konsistente Antworten und benutzerfreundliche Erfahrungen bieten. Darüber hinaus ist die Aufrechterhaltung eines konsistenten Gesprächskontexts über alle Plattformen hinweg entscheidend für die Effektivität des Chatbots.

GPT-4 und plattformübergreifende Integration

Die Vielseitigkeit von GPT-4 ermöglicht eine einfache Integration in mehrere Plattformen. Mithilfe von APIs können Chatbots auf Basis von GPT-4 nahtlos auf Webseiten, mobilen Anwendungen und Messaging-Diensten von Drittanbietern ausgeführt werden. Zum Beispiel:

- **Einheitlicher Konversationskontext** : GPT-4 stellt sicher, dass der Chatbot den Kontext über mehrere Plattformen hinweg beibehält, sodass Benutzer eine Konversation auf einem Gerät (z. B. einem Smartphone) beginnen und auf einem anderen (z. B. einem Desktop) fortsetzen können.

- **Anpassung an plattformspezifische Normen** : Je nach Plattform muss ein Chatbot möglicherweise seine Antworten oder sein Format anpassen. Beispielsweise kann ein Chatbot im Facebook Messenger Schaltflächen für schnelle Antworten verwenden, während ein webbasierter Chatbot möglicherweise längere und detailliertere Antworten liefert.

Praktische Schritte zur Implementierung plattformübergreifender Kompatibilität

1. **Entwickeln Sie ein zentrales Backend** : Erstellen Sie ein zentrales Backend-System, in dem alle Benutzerdaten, Interaktionen und Antworten gespeichert werden. Dadurch kann der Chatbot Konversationen über mehrere Plattformen hinweg verfolgen.

2. **Integration mit Messaging-Plattformen von Drittanbietern** : Verwenden Sie APIs, um Ihren Chatbot in beliebte Messaging-Plattformen wie WhatsApp, Facebook Messenger und Slack zu integrieren.

3. **Für Mobilgeräte und Desktops optimieren** : Stellen Sie sicher, dass sich die Benutzeroberfläche des Chatbots gut an die Mobil- und Desktopumgebung anpasst und so ein einheitliches Benutzererlebnis gewährleistet.

4. **Plattformübergreifend testen** : Testen Sie den Chatbot regelmäßig auf jeder Plattform, um sicherzustellen, dass das Erlebnis konsistent bleibt und plattformspezifische Funktionen wie erwartet funktionieren.

4. Erweiterte Anwendungsfälle: Inhaltserstellung, personalisierte Empfehlungen und dynamische Antworten

Die Fähigkeiten von GPT-4 gehen weit über grundlegende Konversationsaufgaben hinaus. Durch die Nutzung seiner leistungsstarken Funktionen zur Inhaltsgenerierung können Chatbots ansprechende, dynamische und personalisierte Benutzererlebnisse schaffen. Im Folgenden untersuchen wir einige erweiterte Anwendungsfälle zur Verbesserung der Chatbot-Funktionalität.

Inhaltserstellung

Eines der herausragenden Merkmale von GPT-4 ist die Fähigkeit, qualitativ hochwertige Inhalte zu generieren. Mit GPT-4 ausgestattete Chatbots können auf Anfrage Artikel, Produktbeschreibungen, FAQs und sogar Marketingtexte erstellen. Dies kann für Unternehmen, die aktuelle Inhalte benötigen, aber nicht über die Zeit oder die Ressourcen verfügen, diese manuell zu erstellen, unglaublich nützlich sein.

Beispiel : Ein Chatbot eines Reisebüros kann personalisierte Reiserouten basierend auf den Präferenzen eines Benutzers erstellen oder ein E-

Commerce-Chatbot kann einzigartige Produktbeschreibungen für Tausende von Artikeln in einem Katalog generieren.

Personalisierte Empfehlungen

Durch die Analyse von Nutzerverhalten, Präferenzen und vergangenen Interaktionen kann GPT-4 personalisierte Empfehlungen generieren. Dies ist insbesondere im Einzelhandel, in der Unterhaltungsbranche und im Dienstleistungssektor von Vorteil, da personalisierte Vorschläge die Konversionsraten deutlich steigern können.

Beispiel : Der von GPT-4 betriebene Chatbot eines Online-Bekleidungsgeschäfts kann Outfits basierend auf dem Stil des Benutzers, früheren Einkäufen und aktuellen Trends empfehlen.

Dynamische Antworten

Die Fähigkeit von GPT-4, dynamische Antworten zu generieren, ermöglicht es Chatbots, Benutzer in Echtzeit einzubinden und ihr Verhalten und ihre Antworten dem Kontext des Gesprächs anzupassen. Dadurch wirkt der Chatbot menschlicher und kann komplexe Anfragen problemlos bearbeiten.

Beispiel : Ein Kundenservice-Chatbot kann seinen Ton oder seine Herangehensweise dynamisch an die Stimmung des Benutzers anpassen und frustrierten Kunden einfühlsame Antworten geben, während er denjenigen, die einfach nur Informationen suchen, eher lockere Antworten gibt.

Die Integration von GPT-4 und KI-Tools in die Chatbot-Entwicklung eröffnet neue Möglichkeiten für Unternehmen, die die Kundeninteraktion verbessern und die Konversionsrate steigern möchten. Durch die Nutzung erweiterter Funktionen wie NLP, mehrsprachiger Unterstützung, plattformübergreifender Kompatibilität und dynamischer

Inhaltsgenerierung können Entwickler intelligentere, ansprechendere Chatbots erstellen, die sinnvolle und personalisierte Erlebnisse bieten.

Mit der Weiterentwicklung der KI werden die Fähigkeiten von Chatbots immer leistungsfähiger und bieten Unternehmen beispiellose Möglichkeiten, innovativ zu sein und der Konkurrenz einen Schritt voraus zu sein. Egal, ob Sie einen Chatbot für den Kundenservice, die Lead-Generierung oder die Inhaltserstellung entwickeln: Das Verständnis für die Integration fortschrittlicher KI-Tools wie GPT-4 ist der Schlüssel zur Bereitstellung außergewöhnlicher Benutzererlebnisse und zum Erreichen Ihrer Geschäftsziele.

KAPITEL 5: MONETARISIERUNGSSTRATEGIEN FÜR CHATBOTS

Da Unternehmen zunehmend auf künstliche Intelligenz (KI) zurückgreifen, um die Kundenbindung zu verbessern, die Betriebseffizienz zu steigern und personalisierte Dienste anzubieten, haben sich Chatbots als leistungsstarke Tools zur Förderung des Unternehmenswachstums erwiesen. Über ihre Rolle bei der Verbesserung der Kundeninteraktion hinaus bieten Chatbots jedoch auch erhebliche Möglichkeiten zur **Monetarisierung** . Egal, ob Sie Entwickler, Unternehmer oder Geschäftsinhaber sind: Wenn Sie wissen, wie Sie das volle Potenzial von Chatbots ausschöpfen können, können Sie neue Einnahmequellen erschließen, den Umsatz steigern und die Kundenbindung verbessern.

In diesem Kapitel werden verschiedene Monetarisierungsstrategien für Chatbots untersucht. Dabei liegt der Schwerpunkt darauf, wie sie Leads generieren, den Umsatz steigern und die Kundenbindung fördern können. Von Abonnementmodellen bis hin zu Upselling-Möglichkeiten werden wir uns mit umsetzbaren Taktiken befassen, mit denen sich die Chatbot-Technologie zur Steigerung der Rentabilität nutzen lässt. Darüber hinaus werden wir Beispiele aus der Praxis für eine erfolgreiche Chatbot-Monetarisierung untersuchen und Einblicke und Inspirationen für die Umsetzung dieser Strategien in Ihrem eigenen Chatbot-Geschäft oder -Produkt liefern.

1. Leadgenerierung mit Chatbots

Eine der gängigsten und effektivsten Möglichkeiten, mit Chatbots Geld zu verdienen, ist die Lead-Generierung. Chatbots sind hervorragend geeignet, das Interesse potenzieller Kunden zu wecken und wertvolle Informationen zu sammeln, die Unternehmen für gezielte Marketing- und Verkaufsanstrengungen nutzen können. Dieser Prozess kann in zahlreichen Branchen stattfinden, von E-Commerce und Immobilien bis hin zu Bildung und Finanzen.

Wie Chatbots Leads generieren

1. **Sofortige Lead-Erfassung** : Im Gegensatz zu herkömmlichen Formularen, bei denen Benutzer Felder ausfüllen und auf eine Bestätigung warten müssen, binden Chatbots Benutzer sofort ein. Sie können Fragen in Echtzeit stellen, Besucher durch Prozesse führen und automatisch Kontaktdaten wie E-Mail-Adressen, Telefonnummern und Präferenzen erfassen.

2. **Qualifizierung von Leads** : Chatbots können so programmiert werden, dass sie qualifizierende Fragen stellen und Unternehmen dabei helfen, wichtige Informationen über die Interessen, das Budget oder die spezifischen Bedürfnisse eines Leads zu sammeln. Auf diese Weise können Unternehmen hochwertige Leads priorisieren und sie zur Weiterverfolgung an Vertriebsteams weiterleiten.

3. **Datenerfassung zur Nachverfolgung** : Mit integrierten Tools für das Kundenbeziehungsmanagement (CRM) können Chatbots Lead-Daten erfassen und speichern, sodass Unternehmen potenzielle Kunden leichter über E-Mail-Marketingkampagnen, automatisierte Kontaktaufnahme oder personalisierte Nachrichten weiterverfolgen können.

Beispiele für Lead-Generierende Chatbots

- **Chatbots für Immobilien** : Immobilienunternehmen können Chatbots verwenden, um Leads zu qualifizieren, indem sie potenzielle Käufer nach ihren Präferenzen fragen (z. B. Standort, Budget, Art der Immobilie). Nach der Qualifizierung sammelt der Chatbot Kontaktinformationen und bereitet so den Weg für weiteres Engagement.

- **E-Commerce-Chatbots** : Im E-Commerce kann ein Chatbot Produktempfehlungen basierend auf dem Surfverhalten eines Benutzers anbieten und Kontaktdaten erfassen, um anschließend personalisierte Angebote oder Rabatte zu unterbreiten.

Durch die Integration von Chatbots in ihre Websites oder Landingpages können Unternehmen Leads effektiv erfassen und pflegen und sie letztendlich in zahlende Kunden umwandeln.

2. Umsatzsteigerung durch Chatbot-Interaktionen

Über die Lead-Generierung hinaus spielen Chatbots eine Schlüsselrolle bei **der Umsatzsteigerung** . Durch die Fähigkeit, Kunden in Echtzeit anzusprechen und personalisierte Empfehlungen zu geben, können Chatbots Kaufentscheidungen erheblich beeinflussen und die Konversionsrate erhöhen.

Wie Chatbots den Umsatz steigern

1. **Produktempfehlungen** : Eine der umsatzstärksten Funktionen von Chatbots ist ihre Fähigkeit, personalisierte Produktempfehlungen anzubieten. Durch die Analyse des Nutzerverhaltens und der Vorlieben können Chatbots Produkte

vorschlagen, die dem Geschmack oder den Bedürfnissen des Benutzers entsprechen. Dies kann sowohl die Anzahl der verkauften Artikel als auch den Gesamtwert jeder Transaktion erhöhen.

2. **Nahtloser Checkout-Prozess** : Chatbots können den Kaufprozess vereinfachen, indem sie Kunden durch einen reibungslosen und einfachen Checkout-Prozess führen. Sie können Zahlungsoptionen anbieten , alle Fragen zum Produkt beantworten und Upselling- oder Cross-Selling-Möglichkeiten bieten, um den durchschnittlichen Bestellwert zu erhöhen.

3. **Support und Hilfe in Echtzeit** : Chatbots können alle Zweifel oder Fragen beantworten, die während des Einkaufsvorgangs auftreten, wodurch die Abbruchrate von Einkäufen verringert und der Umsatz gesteigert wird. Wenn ein Kunde beispielsweise aufgrund fehlender Informationen zögert, kann der Chatbot sofort detaillierte Produktbeschreibungen, Bewertungen oder sogar Kundenservice-Support bereitstellen.

4. **Zeitlich begrenzte Angebote und Rabatte** : Chatbots können so programmiert werden, dass sie Benutzern exklusive Angebote oder zeitlich begrenzte Rabatte präsentieren und sie dazu drängen, sofort zu handeln und einen Kauf abzuschließen. Dies erzeugt ein Gefühl der Dringlichkeit und kann Benutzer zu einer schnellen Entscheidung bewegen.

Beispiele für umsatzsteigernde Chatbots

- **Virtueller Künstler von Sephora** : Der Chatbot von Sephora hilft Benutzern, Make-up virtuell auszuprobieren, empfiehlt Produkte basierend auf ihren Vorlieben und führt sie durch den Kaufprozess.

- **Chatbot von H&M** : Der Chatbot von H&M unterstützt Kunden bei der Produktauswahl und Stilberatung, steigert die Konversionsraten und erhöht den Umsatz, indem er ein personalisiertes Einkaufserlebnis bietet.

Durch die Nutzung von Chatbots zur Einbindung der Benutzer in den gesamten Kaufprozess können Unternehmen ihren Umsatz und die Kundenzufriedenheit deutlich steigern.

3. Abonnementmodelle: Schaffen Sie wiederkehrende Einnahmen

Abonnementmodelle sind eine weitere effektive Möglichkeit, Chatbots zu monetarisieren, insbesondere für Unternehmen, die fortlaufende Dienste oder Inhalte anbieten. Dieses Modell generiert konstante, wiederkehrende Einnahmen und bietet den Benutzern gleichzeitig einen kontinuierlichen Mehrwert.

So funktionieren Abonnementmodelle mit Chatbots

1. **Freemium-Modell** : Viele Unternehmen verwenden das **Freemium**-Modell, bei dem die Benutzer die grundlegenden Chatbot-Funktionen kostenlos erhalten, für Premium-Funktionen oder zusätzliche Funktionalitäten jedoch zahlen müssen. Ein Chatbot, der persönliche Finanzberatung anbietet, könnte beispielsweise kostenlose grundlegende Tipps geben, für eine ausführlichere, maßgeschneiderte Finanzberatung jedoch eine Gebühr verlangen.

2. **Zugriff auf Inhalte** : Für inhaltsorientierte Unternehmen wie Nachrichtenagenturen oder E-Learning-Plattformen können Chatbots ein Abonnementmodell anbieten, bei dem Benutzer für den Premiumzugriff auf Artikel, Videos oder Kurse bezahlen. Der Chatbot kann Inhalte basierend auf den Interessen der Benutzer

vorschlagen und sie zur Anmeldung für ein Premiumabonnement ermutigen.

3. **Servicebasierte Abonnements** : Unternehmen, die regelmäßige Dienstleistungen anbieten (wie z. B. Essenspläne, Fitnessprogramme oder Wellness-Coaching), können Chatbots nutzen, um Abonnements zu verwalten, Verlängerungen zu automatisieren und personalisierte Empfehlungen bereitzustellen. Chatbots können die Zahlungsabwicklung übernehmen, Benutzereinstellungen aktualisieren und eine reibungslose, fortlaufende Beziehung zu Kunden sicherstellen.

Beispiele für abonnementbasierte Chatbots

- **KI-gestützte Lernplattformen** : Plattformen wie Duolingo oder Skillshare verwenden Chatbots, um Benutzern die Teilnahme an Lektionen oder Inhalten zu erleichtern. Premium-Benutzer können auf zusätzliche Ressourcen zugreifen und so eine fortlaufende, abonnementbasierte Einnahmequelle schaffen.

- **Fitness-Coaching-Bots** : Ein Fitness-Chatbot, der personalisierte Trainingspläne und Essensvorschläge anbietet, kann auf Abonnementbasis betrieben werden und den Benutzern gegen eine monatliche Gebühr kontinuierliche Unterstützung bieten.

Das Abonnementmodell unterstützt Unternehmen bei der Generierung vorhersehbarer, langfristiger Einnahmequellen und bietet den Benutzern gleichzeitig einen Mehrwert, der sie zum längeren Engagement anregt.

4. Upselling- und Cross-Selling-Möglichkeiten

Chatbots sind hervorragend für **Upselling** und **Cross-Selling geeignet**, indem sie Benutzern zusätzliche Produkte oder Dienstleistungen anbieten, die ihren bestehenden Kauf oder ihre Interaktion ergänzen. Diese Strategien erhöhen nicht nur den durchschnittlichen Transaktionswert, sondern verbessern auch das Kundenerlebnis, indem sie maßgeschneiderte Empfehlungen liefern.

Wie Chatbots Upselling und Cross-Selling umsetzen

1. **Upselling** : Chatbots können Premiumversionen eines Produkts oder Add-ons empfehlen, die den ursprünglichen Kauf des Benutzers aufwerten. Wenn ein Kunde beispielsweise einen Laptop kauft, könnte der Chatbot ein höherwertiges Modell mit zusätzlichen Funktionen oder Zubehör wie einer Tragetasche oder einer erweiterten Garantie vorschlagen.

2. **Cross-Selling** : Chatbots können Möglichkeiten erkennen, ergänzende Produkte anzubieten. So könnten einem Kunden, der ein Smartphone kauft, beispielsweise verwandte Artikel wie Displayschutzfolien, Ladegeräte oder Bluetooth-Kopfhörer angeboten werden.

3. **Personalisierte Vorschläge** : Durch die Nutzung von Benutzerdaten und -verhalten können Chatbots Produkte oder Dienstleistungen vorschlagen, die beim Kunden wahrscheinlich Anklang finden, basierend auf seinen Vorlieben und seiner Kaufhistorie. Dies erhöht die Chancen auf zusätzliche Verkäufe.

Beispiele für Upselling- und Cross-Selling-Chatbots

- **Amazons Alexa** : Über Alexa nutzt Amazon Upselling- und Cross-Selling-Taktiken effektiv. Beispielsweise kann Alexa eine verbesserte Version eines Produkts vorschlagen, nach dem der Benutzer gerade sucht, oder zusätzliche Artikel wie Zubehör empfehlen.

- **Telekommunikationsanbieter**: Telekommunikations-Chatbots nutzen häufig Upselling, indem sie Benutzern die Möglichkeit bieten, ihre Pläne zu aktualisieren und auf bessere Funktionen zuzugreifen, z. B. mehr Daten oder internationale Telefonpakete.

Durch die Integration von Upselling- und Cross-Selling-Strategien in Chatbot-Interaktionen können Unternehmen ihren Umsatz pro Benutzer deutlich steigern und gleichzeitig personalisierte Empfehlungen bereitstellen.

5. Kostenpflichtige Funktionen und Premium-Dienste

Viele Chatbots können durch **kostenpflichtige Funktionen** oder **Premiumdienste**, die das Benutzererlebnis verbessern, Geld verdienen. Diese kostenpflichtigen Funktionen bieten in der Regel zusätzliche Funktionalität, wie z. B. tiefere Anpassungsmöglichkeiten oder erweiterte KI-Funktionen, und können in den Workflow eines Chatbots integriert werden.

So funktionieren kostenpflichtige Funktionen

1. **Erweiterte Funktionen**: Unternehmen können Benutzern für den Zugriff auf erweiterte Funktionen wie personalisierte Empfehlungen, schnellere Reaktionszeiten, vorrangigen Kundensupport oder Premiuminhalte Gebühren berechnen.

2. **Anpassungsoptionen**: Chatbots, die maßgeschneiderte Dienste oder Erlebnisse anbieten, können für die Personalisierung

Gebühren erheben, etwa für die Möglichkeit, Benutzereinstellungen zu speichern, die Stimme des Chatbots zu ändern oder spezielle Arbeitsabläufe zu erstellen.

3. **Exklusive Inhalte oder Dienste** : Das Anbieten von exklusivem Zugriff auf Inhalte oder Dienste über einen Chatbot kann auch als kostenpflichtige Funktion dienen. Ein Fitness-Chatbot kann beispielsweise Benutzern für ein detailliertes Gesundheits-Tracking, individuelle Ernährungspläne oder exklusive Trainingseinheiten Gebühren berechnen.

Beispiele für Chatbots mit kostenpflichtigen Funktionen

- **Cleo** : Cleo ist ein Chatbot, der Benutzern bei der Budgetplanung und Finanzverwaltung hilft. Er bietet kostenlose grundlegende Budgetberatung, verlangt jedoch Gebühren für den Zugriff auf Premiumfunktionen wie personalisierte Ausgabeneinblicke und Sparziele.

- **Replika** : Replika ist ein KI-Chatbot, der eine kostenlose Version mit eingeschränkter Interaktion und eine Premium-Version mit personalisierten Konversationen, Anpassungen und zusätzlichen Funktionen gegen eine Abonnementgebühr bietet.

Kostenpflichtige Funktionen und Premiumdienste können erhebliche Umsätze generieren und durch die Bereitstellung wertvoller, exklusiver Erlebnisse gleichzeitig die Benutzerzufriedenheit steigern.

Die Monetarisierung von Chatbots bietet Unternehmen zahlreiche Möglichkeiten, Umsatz zu generieren und die Rentabilität zu steigern. Egal, ob Sie Leads generieren, den Umsatz steigern, abonnementbasierte Dienste anbieten oder Upselling- und Cross-Selling-Strategien implementieren möchten, Chatbots sind leistungsstarke Tools, die neue Einnahmequellen schaffen können.

Durch die Einbindung fortschrittlicher Monetarisierungstaktiken wie kostenpflichtige Funktionen, Premiumdienste und strategische Partnerschaften können Unternehmen das volle Potenzial der Chatbot-Technologie ausschöpfen. Darüber hinaus demonstrieren die in diesem Kapitel untersuchten Beispiele für erfolgreiche Chatbot-Monetarisierung die Wirksamkeit dieser Strategien und bieten einen Leitfaden für die Erstellung profitabler chatbot-basierter Geschäftsmodelle.

Da sich die Chatbot-Technologie ständig weiterentwickelt, werden sich die Monetarisierungsmöglichkeiten nur noch erweitern. Die Umsetzung dieser Strategien kann Unternehmen helfen, wettbewerbsfähig zu bleiben, den ROI zu maximieren und den Benutzern wertvolle, ansprechende Erfahrungen zu bieten, die eine langfristige Kundenbindung fördern.

KAPITEL 6: APPS RUND UM IHRE CHATBOTS ENTWICKELN

Chatbots verändern die Art und Weise, wie Unternehmen mit ihren Kunden interagieren, und haben sich über einfache Tools für Kundenservice und -engagement hinaus entwickelt. Heute können Chatbots ganze Anwendungen unterstützen, die eine Vielzahl von Aufgaben ausführen können, von persönlicher Unterstützung bis hin zu E-Commerce-Transaktionen und mehr. Die Umwandlung eines Chatbots in eine eigenständige App bietet sowohl Entwicklern als auch Unternehmern spannende Möglichkeiten, da sie eine benutzerfreundliche, KI-gesteuerte Lösung bietet, auf die über eine Vielzahl von Plattformen zugegriffen werden kann.

In diesem Kapitel erfahren Sie, wie Sie **Anwendungen rund um Ihre Chatbots entwickeln** . Dabei wird alles behandelt, von der Umwandlung eines Chatbots in eine mobile oder Web-App über die Integration von APIs von Drittanbietern, die Sicherstellung der Plattformkompatibilität bis hin zur Skalierung von Apps, um den Benutzeranforderungen gerecht zu werden. Egal, ob Sie Entwickler sind und eine erweiterte App erstellen möchten, oder Geschäftsinhaber, der das Kundenerlebnis verbessern möchte, dieses Kapitel bietet praktische Anleitungen und Strategien zum Erstellen von Apps, die Chatbot-Funktionen effektiv integrieren.

1. Umwandlung eines Chatbots in eine eigenständige App

Die Fähigkeit eines Chatbots, nahtlos auf verschiedenen Plattformen zu funktionieren, macht ihn zu einem hervorragenden Kandidaten für die Integration in mobile, Web- und Desktop-Anwendungen. Die Umwandlung Ihres Chatbots in eine eigenständige App umfasst mehrere wichtige Schritte, um sicherzustellen, dass er autonom funktionieren kann und dennoch ein hohes Maß an Interaktion und Engagement bietet.

Schritt 1: Wählen Sie die richtige Plattform für Ihre App

mobile App , eine **Web-App** oder **eine Desktop-Anwendung** erstellen möchten . Jede Plattform bietet ihre eigenen Vorteile und Herausforderungen:

- **Mobile Apps** (iOS und Android): Mobile Apps sind die gängigste Methode, um Chatbots für ein direktes Benutzererlebnis unterwegs zu integrieren. Chatbot-Apps können in Messaging-Plattformen wie Facebook Messenger oder WhatsApp integriert oder als native Apps auf Mobilgeräten erstellt werden. Tools wie React Native oder Flutter können Entwicklern dabei helfen, Apps zu erstellen, die mit einer einzigen Codebasis sowohl auf iOS als auch auf Android funktionieren.

- **Web-Apps** : Web-Anwendungen sind ideal, um ein größeres Publikum zu erreichen, ohne dass Benutzer etwas herunterladen müssen. Sie sind über jeden Browser zugänglich und bieten umfassende, interaktive Chatbot-Erlebnisse. Web-Apps können Chatbot-Integrationen auf Websites, Blogs oder E-Commerce-Shops nutzen.

- **Desktop-Apps** : Desktop-Anwendungen können für speziellere Anwendungsfälle verwendet werden, bei denen der Chatbot kontinuierlich und ohne Unterbrechungen laufen muss. Diese Apps können ideal für Unternehmen sein, in denen Chatbots als Teil eines größeren Workflows dienen, beispielsweise als Produktivitätstools oder Kundendienstanwendungen.

Schritt 2: Entwerfen der Benutzeroberfläche (UI) und der Benutzererfahrung (UX)

Während die Kernfunktionalität einer Chatbot-App auf ihrer KI-gestützten Konversations-Engine basiert, hängt der Erfolg der App stark von ihrer **Benutzeroberfläche (UI)** und **Benutzererfahrung (UX) ab** . In dieser Phase besteht das Ziel darin, eine nahtlose, intuitive Erfahrung für den Benutzer zu schaffen, die das Engagement fördert und die Benutzerfreundlichkeit maximiert.

- **Design für Chatbot-Interaktionen** : Die Schnittstelle des Chatbots muss natürlich und ansprechend wirken. Es ist wichtig, eine leicht lesbare Chat-Schnittstelle mit Schaltflächen, Schnellantworten und Rich Media (wie Bildern, Videos oder Sprachnachrichten) zu entwerfen, die das Benutzererlebnis verbessern.

- **Konversationsfluss** : Eine erfolgreiche Chatbot-App beinhaltet einen sorgfältig ausgearbeiteten Konversationsfluss. Die Konversationen sollten persönlich, reaktionsschnell und zeitnah sein, ohne die Benutzer mit zu vielen Informationen zu überfordern. Überlegen Sie, wie Benutzer mit dem Chatbot interagieren, was sie erreichen müssen und wie der Chatbot sie effektiv anleiten kann.

- **Konsistenz** : Die App sollte optisch mit Ihrer Marke übereinstimmen und ein klares, einfaches Design aufweisen, das leicht zu navigieren ist. Minimalismus funktioniert bei Chatbots oft am besten, da sich Benutzer so ohne Ablenkung auf das Gespräch konzentrieren können.

Schritt 3: Implementierung der Chatbot-Engine

Die Chatbot-Engine selbst ermöglicht die Interaktionen und die KI-gesteuerte Konversation. Sie müssen die Konversations-Engine des Chatbots in Ihr App-Framework integrieren. Abhängig von der Komplexität Ihres Chatbots können Sie eine vorgefertigte Engine wie **Dialogflow**, **Microsoft Bot Framework** oder **Rasa verwenden** oder eine benutzerdefinierte Lösung mit einer Programmiersprache wie Python erstellen.

- **Verarbeitung natürlicher Sprache (NLP)** : Die Implementierung von NLP-Funktionen stellt sicher, dass der Chatbot Benutzereingaben versteht und auf eine Art und Weise reagiert, die einem Gespräch entspricht. Diese Technologie ermöglicht es dem Chatbot, Texteingaben zu analysieren, die Absicht des Benutzers zu erkennen und entsprechend zu reagieren.

- **Echtzeitverarbeitung** : Stellen Sie sicher, dass der Chatbot Nachrichten in Echtzeit verarbeiten und beantworten kann, um die Reaktionsfähigkeit der App zu verbessern. Benutzer erwarten eine sofortige Interaktion, daher sind die Nachrichtenübermittlung in Echtzeit und genaue Antworten entscheidend, um das Engagement aufrechtzuerhalten.

2. Bedeutung von APIs und Drittanbieterintegrationen

Ein Kernelement beim Erstellen von Apps rund um Chatbots ist die Integration von Tools und APIs von Drittanbietern, um die Funktionalität und das Benutzererlebnis zu verbessern. Diese Integrationen können den Chatbot mit externen Datenquellen verbinden, personalisierte Empfehlungen bereitstellen und den Gesamtwert der App steigern.

Was sind APIs?

APIs (**Application Programming Interfaces**) ermöglichen die Kommunikation verschiedener Softwaresysteme untereinander. Durch die Nutzung von APIs können Entwickler die Fähigkeiten ihres Chatbots durch die Integration externer Dienste wie Zahlungsgateways, soziale Medien, Kundendatenbanken, Analysen und mehr verbessern.

Beliebte API-Integrationen für Chatbot-Apps

1. **Zahlungs-Gateways** : Wenn Ihre Chatbot-App E-Commerce unterstützt, können Benutzer durch die Integration von Zahlungs-Gateways wie **Stripe** oder **PayPal** Einkäufe direkt über den Chatbot tätigen.

2. **Kundenbeziehungsmanagement (CRM)** : Durch die Integration mit CRM-Systemen wie **Salesforce** oder **HubSpot** können Chatbots Kundeninteraktionen verfolgen, personalisierte Antworten geben und die Vertriebs- und Marketingbemühungen verbessern.

3. **Kalender und Terminplanung** : Durch die Integration mit Tools wie **Google Kalender** oder **Calendly** können Chatbots Benutzern helfen, Termine, Besprechungen oder Erinnerungen direkt über die App zu planen.

4. **Soziale Medien und Messaging** : Durch die Integration mit Social-Media-Plattformen wie **Facebook Messenger** , **WhatsApp** oder **Telegram** kann der Chatbot

plattformübergreifend kommunizieren und sicherstellen, dass Benutzer von überall aus mit dem Chatbot interagieren können.

5. **Analysetools** : Durch die Verwendung von Tools wie **Google Analytics** , **Mixpanel** oder **Chatbase** können Entwickler die Interaktionen der Benutzer mit dem Chatbot verfolgen, Schwachstellen identifizieren und Erkenntnisse sammeln, um den Chatbot und die App kontinuierlich zu verbessern.

Vorteile von API-Integrationen

1. **Erweiterte Funktionalität** : APIs ermöglichen es Entwicklern, Funktionen hinzuzufügen, die die Fähigkeiten des Chatbots erweitern und ihn für Benutzer nützlicher und vielseitiger machen.

2. **Schnellere Entwicklung** : Anstatt alles von Grund auf neu zu entwickeln, bieten APIs vorgefertigte Lösungen für viele gängige App-Funktionen, sodass sich Entwickler auf die Kernfunktionalität des Chatbots konzentrieren können.

3. **Skalierbarkeit** : APIs helfen dabei, den Chatbot in Dienste zu integrieren, die sich an die Benutzeranforderungen anpassen lassen, sei es durch die Zahlungsabwicklung, die Bearbeitung großer Mengen von Kundenanfragen oder das Speichern und Abrufen von Daten aus externen Quellen.

---

3. Entwicklung von mobilen und Web-Apps für Chatbots

Das Erstellen einer erfolgreichen mobilen oder Web-App rund um Ihren Chatbot erfordert nicht nur eine solide KI-Grundlage, sondern auch ein tiefes Verständnis von Entwicklungspraktiken, die Kompatibilität, Reaktionsfähigkeit und Benutzerzufriedenheit gewährleisten.

Best Practices für die Entwicklung mobiler Apps mit Chatbot-Funktionalität

1. **Plattformübergreifende Kompatibilität** : Mobile Apps sollten so konzipiert sein, dass sie sowohl auf **iOS-** als auch auf **Android** -Geräten funktionieren. Tools wie **React Native** oder **Flutter** ermöglichen es Entwicklern, eine einzige Codebasis zu schreiben, die für beide Plattformen funktioniert und so eine große Reichweite gewährleistet.

2. **Push-Benachrichtigungen** : Integrieren Sie **Push-Benachrichtigungen** , die Benutzer auf neue Nachrichten, Updates oder Sonderangebote aufmerksam machen, um eine kontinuierliche Interaktion zu gewährleisten. So bleiben Benutzer mit dem Chatbot verbunden, auch wenn sie die App nicht aktiv verwenden.

3. **Benutzerauthentifizierung** : Für Apps, die persönliche Daten oder Transaktionen erfordern, ist die Implementierung **einer sicheren Authentifizierung** (z. B. OAuth, Zwei-Faktor-Authentifizierung) unerlässlich. Dies schützt Benutzerinformationen und schafft Vertrauen.

4. **Optimierung der App-Leistung** : Mobile Apps sollten für **schnelle Ladezeiten** und **reibungslose Interaktionen optimiert werden** . Dazu gehört die Optimierung der Chatbot-Antworten, die Reduzierung der Latenz und die Sicherstellung, dass die App auf Geräten mit unterschiedlichen Verarbeitungskapazitäten gut funktioniert.

Best Practices für die Entwicklung von Web-Apps mit Chatbot-Funktionalität

1. **Responsive Design** : Stellen Sie sicher, dass die Chatbot-Schnittstelle auf verschiedenen Bildschirmgrößen funktioniert. Verwenden Sie **responsives Webdesign** , um sicherzustellen, dass Benutzer sowohl auf Desktops als auch in mobilen Browsern nahtlos mit dem Chatbot interagieren können.

2. **Webhosting und Sicherheit** : Stellen Sie sicher, dass die Webanwendung auf einem sicheren Server mit entsprechender SSL-Verschlüsselung gehostet wird. Dadurch wird sichergestellt, dass alle zwischen dem Benutzer und dem Chatbot ausgetauschten Daten sicher und privat sind.

3. **SEO und Auffindbarkeit** : Wenn Ihre Web-App kundenorientiert ist und öffentlich zugängliche Inhalte enthält, konzentrieren Sie sich auf **die Suchmaschinenoptimierung (SEO),** um sicherzustellen, dass Ihre Chatbot-App in den Suchmaschinen gut platziert ist und auf natürliche Weise Verkehr anzieht.

4. Skalieren Sie Ihre Chatbot-App, um die Benutzeranforderungen zu erfüllen

Skalierbarkeit vorzubereiten . Die Skalierung Ihrer App, um der gestiegenen Benutzernachfrage gerecht zu werden, erfordert sowohl technische als auch betriebliche Überlegungen.

Technische Aspekte der Skalierung

1. **Skalierung von Server und Infrastruktur** : Wenn die Anzahl der Benutzer steigt, müssen Sie sicherstellen, dass Ihre Serverinfrastruktur die erhöhte Belastung bewältigen kann. **Cloud-Dienste** wie **AWS** , **Google Cloud** oder **Microsoft Azure** können eine automatische Skalierung bereitstellen, um sicherzustellen, dass Ihre App auch bei hohem Datenverkehr gut funktioniert.

2. **Datenbankskalierung** : Eine wachsende Benutzerbasis bedeutet mehr zu verarbeitende Daten. Erwägen Sie **Sharding** oder die Verwendung eines **verteilten Datenbanksystems,** um sicherzustellen, dass Ihre App reibungslos skaliert werden kann.

3. **Chatbot-Optimierung** : Optimieren Sie die NLP-Funktionen des Chatbots kontinuierlich, um den zunehmenden Datenverkehr zu bewältigen und präzise Antworten auf ein breiteres Spektrum von Benutzereingaben zu geben.

Betriebsbezogene Überlegungen

1. **Kundensupport** : Wenn Ihre Chatbot-App skaliert wird, kann es erforderlich sein, Live-Supportoptionen für Benutzer hinzuzufügen, wenn der Chatbot komplexe oder spezielle Anfragen nicht beantworten kann.

2. **Benutzerfeedback** : Bitten Sie Benutzer um Feedback, um ihre Schwachstellen zu verstehen und Verbesserungsbereiche zu identifizieren. So stellen Sie sicher, dass sich der Chatbot entsprechend den Benutzeranforderungen weiterentwickelt.

Die Entwicklung einer App rund um Ihren Chatbot erfordert sorgfältige Planung und eine solide technische Grundlage. Von der Umwandlung eines Chatbots in eine voll funktionsfähige mobile oder Web-App über die Integration von Tools von Drittanbietern, die Sicherstellung der Kompatibilität bis hin zur Skalierung der App, um den Benutzeranforderungen gerecht zu werden, erfordert der Prozess sowohl strategisches als auch technisches Fachwissen. Indem Sie Best Practices in Design, Entwicklung und Optimierung befolgen, können Sie eine App erstellen, die nicht nur erweiterte Chatbot-Funktionen integriert, sondern den Benutzern auch ein außergewöhnliches Erlebnis bietet, das sie immer wieder zurückkommen lässt.

Mit der Weiterentwicklung der Chatbot-Technologie wächst das Potenzial für die Entwicklung innovativer Apps. Indem Sie Apps rund um Ihren Chatbot erstellen, können Sie die Leistungsfähigkeit der KI nutzen, um reale Probleme zu lösen, das Benutzererlebnis zu verbessern und skalierbare, profitable Lösungen zu erstellen, die den Anforderungen der heutigen digitalen Landschaft gerecht werden.

KAPITEL 7: SKALIEREN UND ERFOLG HABEN: AUFBAU EINES CHATBOT-IMPERIUMS

Die Welt der Chatbots hat im letzten Jahrzehnt einen dramatischen Wandel erlebt. Unternehmen aus verschiedenen Branchen nutzen diese Technologie, um den Kundenservice zu optimieren, den Umsatz zu steigern und das Engagement zu erhöhen. Die Reise endet jedoch nicht mit der Entwicklung eines effektiven Chatbots oder einer funktionalen Chatbot-gesteuerten App. Um wirklich erfolgreich zu sein, müssen Unternehmen ihre Abläufe skalieren, ihre Strategien verfeinern und sicherstellen, dass sie in einer sich ständig weiterentwickelnden Landschaft, die von Fortschritten in der künstlichen Intelligenz (KI) dominiert wird, wettbewerbsfähig bleiben.

In diesem Kapitel werden wir untersuchen, wie Sie **Ihr Chatbot-Geschäft** für langfristigen Erfolg skalieren können. Von der Analyse von Leistungskennzahlen bis hin zur Entwicklung von Strategien für Wachstum, Kundengewinnung und -bindung zeigen wir Ihnen umsetzbare Schritte, die Ihnen beim Aufbau eines nachhaltigen **Chatbot-Imperiums helfen** . Wir werden auch besprechen, wie Sie in der sich schnell verändernden KI-Branche wettbewerbsfähig bleiben können, und reale Beispiele für Chatbot-Unternehmen hervorheben, die erfolgreich skaliert wurden.

1. Die wichtigsten Kennzahlen zur Leistungsanalyse verstehen

Bevor Sie Ihr Chatbot-Geschäft skalieren können, müssen Sie unbedingt wissen, wie gut Ihr Chatbot funktioniert. Leistungskennzahlen geben Ihnen wertvolle Einblicke in das Benutzerverhalten, die betriebliche Effizienz und Bereiche, in denen Verbesserungen erforderlich sind. Diese Erkenntnisse bilden die Grundlage Ihrer Skalierungsstrategie.

Key Performance Indicators (KPIs) für Chatbots

1. **Benutzerinteraktionsrate** : Dies ist das Maß dafür, wie aktiv Benutzer mit Ihrem Chatbot interagieren. Höhere Interaktionsraten weisen normalerweise darauf hin, dass Ihr Chatbot Ihren Benutzern einen Mehrwert bietet. Um die Interaktion zu messen, verfolgen Sie, wie viele Benutzer Gespräche beginnen, wie lange sie involviert bleiben und wie viele für wiederholte Interaktionen zurückkehren.

2. **Konversionsrate** : Diese Kennzahl verfolgt den Prozentsatz der Chatbot-Interaktionen, die zu einem bestimmten gewünschten Ergebnis führen – sei es ein Kauf, die Vereinbarung eines Termins oder die Anmeldung für einen Dienst. Wenn Sie verstehen, wie gut Ihr Chatbot Benutzer konvertiert, können Sie seine Leistung verbessern und seine Antworten anpassen, um die Konversionsraten zu steigern.

3. **Reaktionszeit und Genauigkeit** : Chatbots, die schnell und präzise antworten, sind für die Benutzerzufriedenheit von entscheidender Bedeutung. Messen Sie, wie lange Ihr Chatbot braucht, um auf Anfragen zu reagieren, und wie genau diese Antworten sind. Lange Reaktionszeiten oder mangelnde

Genauigkeit können zu Frustration und Desinteresse der Benutzer führen.

4. **Benutzerbindungsrate** : Die Bindung ist ein entscheidender Indikator für den langfristigen Erfolg Ihres Chatbots. Hohe Bindungsraten deuten darauf hin, dass Benutzer Ihren Chatbot wertvoll genug finden, um wiederzukommen. Messen Sie, wie oft Benutzer zurückkehren, um mit Ihrem Chatbot zu interagieren, und segmentieren Sie die Daten nach Benutzerdemografie oder -verhalten, um Trends zu erkennen.

5. **Kundenzufriedenheit und Feedback** : Holen Sie aktiv Benutzerfeedback ein, indem Sie Umfragen nach Gesprächen oder Bewertungssysteme verwenden, um zu ermitteln, wie zufrieden Benutzer mit dem Chatbot sind. Kundenzufriedenheit ist entscheidend für den Aufbau einer langfristigen Beziehung zu Benutzern und Kunden. Überwachen Sie daher kontinuierlich und verbessern Sie sich auf der Grundlage von Feedback.

Datenanalyse zur kontinuierlichen Verbesserung

Sobald Sie Ihre KPIs festgelegt haben, ist es wichtig, die Daten kontinuierlich zu analysieren und entsprechend zu handeln. Wenn Ihr Chatbot beispielsweise eine niedrige Konversionsrate aufweist, müssen Sie möglicherweise seinen Gesprächsfluss optimieren, zusätzliche Eingabeaufforderungen anbieten oder sicherstellen, dass er effektiv in eine Verkaufsplattform integriert ist. Wenn Benutzer nicht wiederkehren, kann dies ein Zeichen dafür sein, dass der Chatbot nicht genügend fortlaufenden Wert bietet. In diesem Fall müssen Sie Features oder Funktionen einführen, die die Benutzer bei der Stange halten.

Datenanalysetools wie **Google Analytics** , **Mixpanel** und **Chatbase** können Ihnen dabei helfen, Benutzerinteraktionen und Chatbot-Leistungskennzahlen zu erfassen und zu interpretieren, die für die effektive Skalierung Ihres Chatbot-Geschäfts von entscheidender Bedeutung sind.

2. Strategien zur Skalierung Ihres Chatbot-Betriebs

Um ein Chatbot-Geschäft zu skalieren, muss mehr getan werden als nur die Anzahl der Benutzer zu erhöhen. Sie müssen Ihre Abläufe optimieren, Ihren Kundenstamm erweitern und sicherstellen, dass Ihr Chatbot ein größeres Interaktionsvolumen bewältigen kann, ohne dass Leistung oder Benutzerfreundlichkeit darunter leiden.

A. Erweiterung Ihres Serviceangebots

Wenn Ihr Chatbot-Geschäft wächst, müssen Sie Ihr Angebot diversifizieren und erweitern, um den sich ändernden Anforderungen Ihrer Kunden gerecht zu werden. Hier sind einige Strategien:

1. **Maßgeschneiderte Lösungen für verschiedene Branchen** : Eine einheitliche Chatbot-Lösung ist möglicherweise nicht für jedes Unternehmen geeignet. Wenn Sie Ihr Unternehmen vergrößern, sollten Sie Ihre Chatbot-Angebote an verschiedene Branchen anpassen, beispielsweise das Gesundheitswesen, den Finanzbereich, den Einzelhandel oder den E-Commerce. Indem Sie die Funktionalität Ihres Chatbots an die spezifischen Anforderungen jeder Branche anpassen, können Sie einen breiteren Kundenstamm ansprechen.

2. **Multi-Channel-Integration** : Um Ihren Chatbot zu skalieren, müssen Sie sicherstellen, dass er für so viele Benutzer wie möglich zugänglich ist. Erwägen Sie die Integration Ihres Chatbots in mehrere Kanäle wie soziale Medien (Facebook Messenger, WhatsApp, Instagram), Websites, mobile Apps und sogar Sprachassistenten wie **Amazon Alexa** oder **Google Assistant** . Indem Sie die Reichweite Ihres Chatbots erweitern, öffnen Sie die

Tür zu mehr Möglichkeiten für Benutzereinbindung und Monetarisierung.

3. **Erweiterte KI-Funktionen** : Um wettbewerbsfähig zu bleiben, müssen Sie die Fähigkeiten Ihres Chatbots ständig weiterentwickeln. Erwägen Sie, Ihrem Chatbot erweiterte Funktionen wie **Stimmungsanalyse** , **mehrsprachige Unterstützung** , **Personalisierung** und **prädiktive Analysen hinzuzufügen** . Diese Funktionen verbessern nicht nur das Benutzererlebnis, sondern ermöglichen Ihrem Chatbot auch, Unternehmen auf komplexere Weise zu dienen, was neue Wachstumsmöglichkeiten eröffnet.

B. Aufbau einer effizienten Infrastruktur

Mit der zunehmenden Benutzerbasis und den Interaktionen mit Ihrem Chatbot steigt auch der Bedarf an Rechenressourcen. Um sicherzustellen, dass Ihr Chatbot effektiv skaliert, investieren Sie in eine Infrastruktur, die Wachstum unterstützen kann:

1. **Cloud-Hosting** : Verwenden Sie Cloud-Dienste wie **AWS** , **Google Cloud** oder **Microsoft Azure ,** um Ihre Infrastruktur nach Bedarf zu skalieren. Diese Plattformen bieten flexible Skalierungsoptionen, die sich automatisch an Schwankungen im Datenverkehr anpassen können. So wird sichergestellt, dass Ihr Chatbot mehr Benutzer ohne Ausfallzeiten verarbeiten kann.

2. **API-Integrationen** : Für skalierbare Vorgänge müssen Sie Ihren Chatbot wahrscheinlich mit anderen Diensten und Systemen verbinden, z. B. mit Tools für das Kundenbeziehungsmanagement (CRM), Datenbanken, Zahlungsgateways und mehr. Stellen Sie sicher, dass Ihr Chatbot

mit den richtigen APIs integriert ist, um eine reibungslose Interaktion zwischen Systemen zu ermöglichen und Ihre Betriebsmöglichkeiten zu erweitern.

3. **Datenspeicherung und -verwaltung** : Da Ihr Chatbot immer mehr Daten sammelt, wird eine effiziente Datenverwaltung entscheidend. Stellen Sie sicher, dass Ihre Datenbank den erhöhten Datenverkehr bewältigen und Daten sicher speichern kann. Implementieren Sie Strategien für **Datensicherheit** und **Einhaltung** von Branchenvorschriften (wie der DSGVO), um die Privatsphäre Ihrer Benutzer zu schützen.

3. Vermarkten Sie Ihr Chatbot-Geschäft für Wachstum

Sobald Sie einen robusten Chatbot erstellt haben, besteht der nächste Schritt darin, Ihr Geschäft durch effektive Marketingstrategien zu skalieren. Da die Chatbot-Branche immer wettbewerbsintensiver wird, ist Marketing für die Kundengewinnung, Kundenbindung und Markenbekanntheit von entscheidender Bedeutung.

A. Strategien zur Kundengewinnung

1. **Gezieltes Content-Marketing** : Teilen Sie informative Inhalte wie Blogbeiträge, Videos, Fallstudien und Infografiken, die die Vorteile und Erfolgsgeschichten Ihres Chatbots demonstrieren. Konzentrieren Sie sich auf Branchen und Sektoren, die am meisten von Ihrer Lösung profitieren können.

2. **Empfehlungsprogramme** : Implementieren Sie ein Empfehlungsprogramm, bei dem Ihre aktuellen Kunden neue Kunden für Ihre Chatbot-Dienste empfehlen können und dafür

Prämien oder Rabatte erhalten. Mundpropaganda ist nach wie vor eine der effektivsten Möglichkeiten, ein Unternehmen auszubauen.

3. **Bezahlte Werbung** : Nutzen Sie digitale Werbekanäle wie **Google Ads** , **Facebook Ads** oder **LinkedIn Ads** , um Unternehmen anzusprechen, die nach Chatbot-Lösungen suchen. Eine gut ausgerichtete bezahlte Werbekampagne kann Ihnen helfen, Entscheidungsträger in Branchen zu erreichen, die Chatbots benötigen.

4. **Partnerschaften und Kooperationen** : Gehen Sie Partnerschaften mit anderen Unternehmen ein, die ergänzende Dienste anbieten, wie etwa Webentwickler, digitale Marketingagenturen oder CRM-Lösungsanbieter. Diese Partnerschaften können Ihnen dabei helfen, neue Kundenstämme zu erschließen und langfristige Beziehungen aufzubauen.

B. Bindungsstrategien

Die Kundenbindung ist für nachhaltiges Wachstum und den Aufbau langfristiger Beziehungen von entscheidender Bedeutung. Hier sind einige Strategien, um Ihre Kunden zufrieden zu stellen:

1. **Bieten Sie fortlaufenden Support an** : Bieten Sie erstklassigen Kundensupport, um Kunden bei allen Problemen zu helfen, die bei der Verwendung Ihres Chatbots auftreten. Regelmäßige Check-Ins und Follow-Ups können Ihnen auch dabei helfen, Probleme frühzeitig zu erkennen und zu beheben, bevor sie eskalieren.

2. **Kontinuierliche Verbesserung** : Stellen Sie sicher, dass sich Ihr Chatbot mit den sich ändernden Anforderungen Ihrer Kunden

weiterentwickelt. Aktualisieren Sie Ihren Chatbot regelmäßig mit neuen Funktionen, Integrationen und Optimierungen basierend auf Kundenfeedback und technologischen Fortschritten.

3. **Kundenschulung** : Bieten Sie Ihren Kunden Schulungen und Ressourcen an, damit sie Ihren Chatbot effektiv nutzen können. Die Bereitstellung von Schulungsmaterialien wie Video-Tutorials oder Live-Demos kann ihre Zufriedenheit erhöhen und sicherstellen, dass sie den größtmöglichen Nutzen aus Ihrem Chatbot ziehen.

4. In der sich entwickelnden KI-Landschaft wettbewerbsfähig bleiben

Die Chatbot- und KI-Branchen entwickeln sich ständig weiter. Um wettbewerbsfähig zu bleiben, sind Anpassungsfähigkeit und ein vorausschauender Ansatz erforderlich. Hier sind einige Strategien, um Ihren Wettbewerbsvorteil zu erhalten:

A. Neue Technologien nutzen

1. **Sprachgesteuerte Chatbots** : Die Sprachtechnologie ist auf dem Vormarsch und immer mehr Benutzer nutzen Sprachassistenten wie **Siri** , **Alexa** und **Google Assistant** . Erwägen Sie die Integration von Spracherkennung und natürlicher Sprachverarbeitung (NLP) in Ihren Chatbot, um sprachgesteuerte Lösungen zu erstellen, die ein breiteres Publikum ansprechen.

2. **Maschinelles Lernen und KI-Modelle** : Aktualisieren Sie die maschinellen Lernmodelle Ihres Chatbots kontinuierlich, um sein Verständnis des Benutzerverhaltens und der Benutzerabsichten

zu verbessern. Indem Sie Fortschritte in der KI nutzen, können Sie Ihren Chatbot intelligenter machen und ihn auf Benutzereingaben reagieren lassen.

3. **Automatisierung von Prozessen** : Da Unternehmen zunehmend auf Automatisierung setzen, kann die Integration Ihres Chatbots in Unternehmenstools wie **Salesforce** , **Zendesk** und **Slack** dazu beitragen, Arbeitsabläufe zu automatisieren und eine nahtlose Kommunikation zwischen verschiedenen Geschäftsfunktionen zu ermöglichen.

B. Fokus auf Personalisierung

Personalisierung ist der Schlüssel, um im Chatbot-Bereich die Nase vorn zu behalten. Entwickeln Sie Chatbots, die basierend auf Benutzerverhalten, Vorlieben und früheren Interaktionen hochgradig personalisierte Erfahrungen bieten. Dazu könnten personalisierte Empfehlungen, maßgeschneiderte Antworten und maßgeschneiderte Angebote gehören, um die Benutzerzufriedenheit und das Engagement zu verbessern.

5. Beispiele aus der Praxis für erfolgreiche Chatbot-Unternehmen

1. **Drift** : Drift ist ein führendes Unternehmen im Bereich Konversationsmarketing und hilft Unternehmen, Kunden durch KI-gestützte Chatbots zu erreichen. Ihre Chatbot-Plattform wird häufig von Unternehmen eingesetzt, die die Lead-Generierung und -Qualifizierung automatisieren möchten. Der Erfolg von Drift beruht auf seinem Fokus auf **Personalisierung** und seiner Fähigkeit, sich in CRM-Systeme zu integrieren.

2. **Ada** : Ada bietet eine KI-gestützte Chatbot-Plattform für den Kundenservice von Unternehmen. Das Unternehmen hat sein Chatbot-Angebot skaliert, indem es seine Technologie an die Bedürfnisse verschiedener Branchen – vom Gesundheitswesen bis zum Einzelhandel – angepasst und leistungsstarke Analysen und Integrationen mit anderen Geschäftstools angeboten hat.

3. **Intercom** : Der Kundensupport-Chatbot von Intercom ist zu einem unverzichtbaren Bestandteil für Unternehmen geworden, die ihre Kundenkommunikation optimieren möchten. Die Plattform bietet erweiterte Funktionen, darunter Chatbots, die Anfragen bearbeiten, Marketingnachrichten auslösen und Ticketsysteme automatisieren können.

Um ein Chatbot-Geschäft zu skalieren, müssen Sie mehr tun, als nur Ihre Benutzerbasis zu erweitern. Sie müssen die Leistung optimieren, Funktionen verbessern und sicherstellen, dass Ihr Chatbot in einer sich schnell entwickelnden Branche wettbewerbsfähig bleibt. Indem Sie die wichtigen Kennzahlen verstehen, effiziente Betriebsstrategien entwickeln und effektive Marketing- und Kundenbindungsstrategien implementieren, können Sie ein erfolgreiches Chatbot-Imperium aufbauen.

Um in der KI-Landschaft die Nase vorn zu behalten, müssen Sie neue Technologien nutzen, sich auf Personalisierung konzentrieren und Ihren Chatbot kontinuierlich weiterentwickeln, um die Anforderungen von Unternehmen und Benutzern gleichermaßen zu erfüllen. Indem Sie von erfolgreichen Chatbot-Unternehmen lernen und diese Erkenntnisse auf Ihre eigenen Abläufe anwenden, können Sie Ihr Chatbot-Geschäft skalieren und es als Marktführer in der KI-gesteuerten Zukunft etablieren.

www.ingramcontent.com/pod-product-compliance
Lightning Source LLC
Chambersburg PA
CBHW020456220526
45464CB00002B/1008